仙台領に生きる

郷土の偉人傳 V

古田　義弘

表紙は、仙台城下の「芭蕉の辻図」（熊南耕年作・昭和３年　仙台市博物館蔵）を元に著者がイラスト化したものです。芭蕉の辻は仙台の城下町の中心地で、呉服、太物商などが軒を連ねていました。

目次

第二章　念ずれば華開く

第一章　一念天に通ず

明治初期の国分町

1 藤崎　三郎助（ふじさき・さぶろうすけ）

豪商への道を拓いた初代・二代三郎助

藤崎三郎助（三代目）

百万都市仙台にある老舗《しにせ》百貨店藤崎《ふじさき》は、文政《ぶんせい》二年（1819）、初代三郎助が大町二丁目に開いた太物《ふともの》商が始まりである。屋号を「得可主《えべす》（壽）屋」といい、暖簾《のれん》には商いの神様である恵比寿《えびす》が染め抜かれていた。得可主（壽）屋は堅実《けんじつ》な経営で業績を伸ばし、嘉永《かえい》二年（1849）には二代目が仙台藩より苗字帯刀《みょうじたいとう》を許されて、藤崎三郎助を名乗った。さらに仙台藩の財政を御用金《ごようきん》調達で支えるなど、藩の御用達《ごようたし》として、城下でも屈指《くっし》の商人となる。

江戸時代、商工業者が藩の許可を得て結成した同業組合を「株仲間《かぶなかま》」と言う。大町一丁目から四丁目には、古手《ふるて》（古着）・絹布《けんぷ》（呉服《ごふく》）・太物・小間物《こまもの》・繰綿《くりわた》（精製していない綿）・薬種《やくしゅ》の商品を扱う店などが建ち並んでいた。

▼太物（ふともの）
絹織物を呉服というのに対し、綿織物・麻織物を総称して太物と称した。

▼御用達（ごようたし）
格式ある家や組織の利用を請け負う行為及びその業者を指す。近代以降は、皇室や王室等からの取引指定を受けて物品等を納めることを指し、外国王室の同種制度に対する和訳としても用いられる。

▼株仲間（かぶなかま）
江戸時代において、幕府や藩の認可を得て結成された商工業者の独占的同業組合。

▼小間物（こまもの）
日用品や化粧品など細々した雑貨のこと。

▼為替（かわせ）
遠隔の地にある者が貸借の決済を行なうに当たって、正金を送るための労賃や不便さ、危険などを免れるために、手形・小切手・証書などによって送金を処理する方法。

▼融通（ゆうずう）
金銭などをお互いの間でやり繰りすること。

▼豪商（ごうしょう）
富裕の商人。財力豊かな大商人。

▼襲名（しゅうめい）
親または師匠などの名を継ぐこと。

第三回記念売り出し風景(明治33年)

天保《てんぽう》四年（１８３３）の『仲騒録』は、太物だけを扱う者十人、呉服だけの者一人、呉服・太物《ふともの》の両方を扱う者八人となっている。二代目藤崎三郎助は、この中の一人だった。

当時の仙台藩には、約二千人の商人がいたといわれる。このうち三百人から五百人が、その財力を認められて藩の御用資金調達を命じられていたという。その中でも特に重きをなしたのが「為替《かわせ》組」と呼ばれる最高位の豪商たちだった。また、「為替組」に次ぐ格式の商人たちは「融通《ゆうづう》組」と呼ばれた。二代目藤崎三郎助は、嘉永《かえい》六年（１８５３）、最高位の「為替組」を藩から仰せつけられ、豪商としての地盤を固めていく。

信用を不動のものに、三代三郎助

三代目は幼名を祐太郎といい、文久《ぶんきゅう》二年（１８６２）、父の跡を継ぎ、三代目三郎助を襲名《しゅうめい》した。襲名から三年後の慶応《けいおう》元年（１８６５）、父と同様に「為替組」を仰せ付けられる。折しも時代は、激動の幕末を迎えていた。仙台藩も東北奥に独立した国家を作ろうとして結成された奥羽越列藩同盟《おううえつれっぱんどうめい》に連なって新政府軍と対峙《たいじ》するなど、領内は騒然とした雰囲気に包まれていた。特に朝敵《ちょうてき》とされた会津藩《あいづはん》は、会津戦争で敗れ、同盟の主要メンバーだった仙台藩や庄内《しょうない》藩《はん》も降伏、奥羽越列藩同盟は崩壊した。時代の波に翻弄《ほんろう》されながらも、三代目三郎助は堅実に家業を発展させ、商人としての信用を不動のものにしていく。

明治から大正へ、時代の変化を捉えた四代三郎助

明治に入り、藤崎は近代化の時代を迎える。四代目三郎助は、少年時代、米国人の家庭教師について学んだ。そうして米国の文化を幼い頃から身に着けたことによって、経営の基盤となる知識を早くから吸収した。四代三郎助は、明治十二年（1879）、若干十二歳で跡を継ぎ、藤崎家に長く仕える大番頭・菱沼《ひしぬま》清三の提案を元として、当時賑わいの中心となりつつあった大町四丁目に支店を開いた。商店から百貨店へと、新しい時代に合った近代化の波を的確に捉え、次々に改革を進めていく。

▼奥羽越列藩同盟（おううえつれっぱんどうめい）
戊辰戦争（明治元〜二年）に際して新政府に対抗した東北・越後諸藩の同盟。慶応四年（1868）、仙台藩を中心に奥羽25藩、次いで越後6藩が参加して盟約を結び会津藩への征討中止などを要求。連合して薩長軍を打つとしたが、新政府軍に敗退する中で瓦解した。

▼会津藩（あいづはん）
江戸時代、陸奥国会津地方（現在の福島県）を領有した藩。鎌倉時代以来、この地は葦名（あしな）氏の領地であったが、伊達政宗によって滅ぼされ、小田原征伐後は蒲生氏郷、上杉景勝がこの地を領した。

▼庄内藩（しょうないはん）
江戸時代、出羽国田川郡庄内（現在の山形県鶴岡市）を本拠地として、庄内地方を領した藩。譜代大名の酒井氏が一貫して統治した。江戸幕府による転封が一度もなかった数少ない譜代大名の一つ。

▼翻弄（ほんろう）
思うままにもてあそぶこと。

「正札販売」による本格的な小売り事業を開始。個人商店から株式会社藤崎呉服店への組織変更を行い、会社組織となって初代の社長となった。国際感覚に富み、進取の精神にあふれる青年実業家として果敢に新しい事業に挑戦し、会社を牽引《けんいん》した。その多大な功績により、「中興《ちゅうこう》の祖《そ》」と呼ばれる。

一番町へ進出

藩政時代に侍町だった東一番丁界隈《かいわい》が、市内随一の商業地として活況を呈するようになると、四代三郎助は、大町五丁目（現在の青葉区一番町三丁目）の土地を購入し、新店舗開設に着手した。土蔵造《どぞうづく》り・瓦葺《かわらぶき》の威風堂々《いふうどうどう》たる本店店舗が完成したのは、明治三十年（１８９０）年二月のこと。内部は座卓式《ざたくしき》で、それまで別だった卸部・小売り部・大町四丁目支店を本店に統合した。

開店を記念して行った大売出しは「仙台始まって以来の盛況」と大評判になった。さらに翌年、「藤崎」の商業登記を行ない、名実ともに藤崎の地盤を堅《けん》固《ご》なものにした。

四代目・藤崎三郎助

▼正札販売（しょうふだはんばい）
店頭で実際に販売する価格を「正札」に表示し、その価格で商品を売ること。それ以前は、販売の際に定まった値段がなく、「交渉」によって価格が決まったため、顧客によって値段に違いがあったのに対し、「正札販売」ではすべての顧客に同じ値段で販売することになる。江戸時代初期に三越の前身である越後屋が、「店前現銀無掛値」（たなさきげんきんかけねなし）をうたって最初に始めたとされるが、一般化したのは明治時代末期の百貨店である。

▼中興の祖（ちゅうこうのそ）
いったん衰えたことを再び盛んにした先祖。

▼座卓式（ざたくしき）
和室用の脚の短いテーブルを用いた内装の店舗。この形式では、商品はその都度奥から運んで来て客に見せたため、客が自由に手に取って品定めすることは出来なかった。

陳列式となった当時の店内の様子

五代目・藤﨑三郎助

近代化の波と株式会社藤崎呉服店誕生

明治四十五年（１９１２）二月十一日、藤崎呉服店《ごふくてん》は「株式会社藤崎呉服店」を設立。明治末期の仙台で、呉服・太物業界の一番店であるだけでなく、仙台経済界のリーダーとして重きをなすようになる。

大正八年（１９１９）、藤崎は創業百年を記念して、二階建て西洋風木造館を完成、商品を「陳列式《ちんれつしき》」に改めた。木寄《きよ》せでブロックを敷き詰めた店内は、客が商品を見て歩けるようにした。水洗トイレや暖房設備なども備えた。商品を見ながら自由に歩ける売り場は、近代的な設備とともに大いに歓迎されたという。

近代的百貨店へ　五代三郎助と昭和新館

昭和前期は、五代三郎助（二代社長）が社名を「株式会社藤崎」に改め（昭和五年）、百貨店としての基礎を築いた時代と言える。昭和七年（１９３２）になると、五代三郎助は、その後の繁栄へと繋《つな》がる楔《くさび》を打つ。鉄筋コンクリート造地上三階建て地下一階、総タイル張りで花崗岩《かこうがん》の柱にイタリア大理石を用いた

▼**陳列式（ちんれつしき）**
小売店において、商品を実際に棚などに並べ、客が自由に手に取って見ることが出来るようにした陳列方法。現代では当たり前の風景だが、始まった当時は画期的であった。

▼**仙山線（せんざんせん）**
宮城県の県庁所在地である仙台市と山形県の県庁所在地である山形市とを結ぶＪＲ東日本の幹線。名称は、仙台と山形から頭文字を一字ずつとって付けられた。日本初の交流電化が行われた路線でもある。昭和四年（１９２９）に仙台駅～愛子駅間が開業。全線が開通したのは昭和十二年（１９３７）。

昭和31年（1956）の一番丁玄関

「昭和新館」が落成。エレベーターを備え、モダンな造りで、洋服から家具・インテリア・食料品までそろう文字通り、百貨店が誕生した。

五代三郎助の眼は、さらなる商圏の拡大を捉えていた。仙山線《せんざんせん》の営業開始（昭和十二年）をチャンスと考え、山形方面にまで顧客の開拓を図る。三越が仙台に進出（同八年）した際のドアコールのノウハウを取り入れた。顧客宅を訪問して周知を図るこの方式は、功《こう》を奏《そう》して山形を商圏に取り込むことに成功した。

六代三郎助と楽都仙台、「新生フジサキ」誕生

太平洋戦争末期の昭和二十年（１９４５）七月十日、米軍による空襲で仙台の中心部は壊滅的な被害を受ける。藤崎も店舗のほとんどが焼失した。

戦後間もなく六代目を襲名《しゅうめい》した三郎助は、常に時代の先を見据《みす》えた経営で、「仙台に藤崎あり」の信頼を得て来た。仙台空港の国際化など、地元経済のリーダーとして尽力するだけでなく、青葉まつりの復活や宮城フィルハーモニーへの支援など、文化活動にも熱心に取り組み、地域社会に大きな足跡《そくせき》を残した。宮城フィルは現在、「仙台フィルハーモニー管弦楽団」と名称を改め、「楽都《がくと》仙台」

▼仙台空港（せんだいくうこう）　岩沼市と名取市に跨って位置する東北地方唯一の国管理空港。国内線9路線、国際線2路線が就航している。

六代目藤崎三郎助

昭和61年（1986）から毎年開催している
藤崎ニューイヤーコンサート

を代表する楽団となっている。

昭和五十七年（１９８２）、六代三郎助社長が打ち出したのが「新生フジサキ計画」のマスタープランである。リビング館（現在の大町館）建設と本館のリモデルに着手することを発表。マーブルロードおおまち商店街を挟《はさ》んで本館の北側に計画されたリビング館は、「お客様の豊かな生活シーンを藤崎の商品で演出したい」という熱い思いが込められていた。同年九月に誕生したリビング館は、家具やインテリア、食器、家電製品等おしゃれでクオリティーの高い商品を揃え、消費者に生活文化を発信する場として大きな役割を果たすようになった。

翌五十八年には、本館の大幅なリニューアルを行ない、リビング館との間を空中回廊（四階）で繋《つな》ぎ、行き来しやすい構造となったこともあって、新旧合わせて回遊性《かいゆうせい》のある売り場が実現した。

時代は平成へと変わる。平成元年（１９８７）、創業百七十年を迎えた藤崎は、「快適生活百貨店」をテーマに、ロゴマークや包装紙のデザインを一新した。海外の高級ブランド品を扱う専門店の導入、アネックス一番町館やファーストタワー館のオープンなど、積極的な店舗展開を図る。

▼**喪（も）**
忌み慎んで、日常的な行事の場から遠ざかり、死者の供養にあたること。

▼**商工会議所（しょうこうかいぎしょ）**
商工会議所法（昭和二十八年制定）に基づいて設立される非営利団体の法人組織。一定範囲を管轄区域として、その区域内の一定資格のある商工業者を会員として組織される。会員となっている商工業者の業務に関して、その業務の総合的な改善を図り、地域の商工業全体の発展や社会福祉の増進にも資することを目的とする。

7代目藤﨑三郎助

七代藤﨑三郎助襲名

平成七年（１９９５）十一月九日、藤﨑正隆社長は、六代目の喪《も》が明けたことを受け、七代目藤﨑三郎助を襲名《しゅうめい》した。藤﨑の歴代の当主は、文政《ぶんせい》二年（１８１９）の創業以来、代々「藤﨑三郎助」の名を継いでいたが、七代目の襲名もこの慣例に倣《なら》ったもので、披露式《ひろうしき》には各界から千三百人が集まった。翌八年六月仙台商工会議所副会頭に就任（二十六年間）。令和四年（２０２２）十一月には、同会議所の第二十五代会頭に就任している。

希望へ　復興へ　地域とともに

平成二十三年（２０１１）三月十一日に起きた東日本大震災は、宮城・岩手・福島・関東に甚大な被害をもたらした。震災時、藤崎各館も大きな揺れに見舞われたが、従業員は日ごろの訓練もあって、館内にいた客を誘導し、無事避難させることが出来た。一方、店内は大きな被害を受けたが、「全力で顧客の暮ら

▼**地下鉄東西線（ちかてつとうざいせん）**　仙台市交通局が管理・運営する市内二番目の地下鉄路線。平成二十七年（２０１５）十二月六日に開業した。太白区の八木山公園駅と若林区の荒井駅を結ぶ。全長一三・九キロ、十三駅。

地下鉄東西線青葉通一番町駅

植え替えられた青葉通りのケヤキ並木

しの再生をお手伝いする」という社員全員の意気込みとともに、東北に元気を届けたいという強い思いで、新しい店舗づくりに取り組む姿勢を打ち出した。

同二十七年（２０１５）十二月には、仙台で二番目の地下鉄東西線が開業。被災地の復旧・復興に希望をつないだ。藤崎本館前の青葉通り地下に「青葉通一番町駅」が誕生。本館地下二階の生鮮食品売り場に連絡通路が設置され、待望の地下鉄駅との直結が実現、利便性が飛躍《ひやくてき》的に向上した。

２０１９年、元号が平成三十一年から令和元年に改まった年、藤崎は創業二百年を迎えた。

東北楽天初優勝と青葉通りのケヤキ並木復活

平成二十五年（２０１３）九月、東北楽天ゴールデンイーグルスが故・星野仙一監督の下、球団創立九年目でパ・リーグ初優勝を飾り、復興途上の被災地に笑顔をもたらした。また、同年十一月には、楽天がセ・リーグの覇者《はしゃ》、読売

第35回仙台・青葉まつり（2019年5月）ですずめ踊りを披露

第40回一番町三社まつり（2019年7月）

ジャイアンツとの日本シリーズ戦を制して日本一に輝いたのは記憶に新しい。藤崎は翌日から「日本一おめでとうセール」を開催、くす玉を割って優勝に花を添えた。

藤崎は、仙台初売り、青葉まつり、一番町三社まつりなど、仙台の風物詩でもある祭りに積極的に参加し、地元仙台そして宮城の活性化に貢献している。中でも全国的に有名なのが、江戸時代からの伝統がある仙台七夕まつりである。

仙台のメーンストリート、青葉通りのケヤキ並木は、地下鉄東西線工事に伴って藤崎前にある一部が伐採されることになった。市民の間では伐採に反対する声が高まり、一時は論争にまで発展した。結局、可能な限り伐採《ばっさい》する数を減らし、一部は西公園や東北大学青葉山キャンパス等に移植することで決着した。

平成二十九年（２０１７）二月、新しくなった青葉通りにケヤキ並木を復活させようと、青葉通りまちづくり協議会の呼び掛けにより、植栽式が行われた。藤崎前の中央分離帯と歩道には若いケヤキが植えられ、道行く市民の目を楽しませている。

2 但木 土佐（ただき・とさ）

戊辰戦争で奥羽越列藩同盟を主導

但木 土佐

但木家は、代々伊達氏に仕え、下野《しもつけ》国足利《あしかが》郡但木村から陸奥《むつ》国磐井《いわい》郡東山大原村（現在の一関市）に所を拝領、代々宿老《しゅくろう》の家柄で、石高一千五百石を領した。

幕末に活躍した但木土佐（ただき・とさ）は、文化《ぶんか》十四年（1817）、仙台藩宿老・但木直行の三男として仙台で生まれ、母は着座《ちゃくざ》・富田氏（二千石）の娘。土佐は父の没後、二十三歳で家督《かとく》を継ぎ、嘉永《かえい》五年（1852）、吉岡に所領を持って奉行《ぶぎょう》を命ぜられた。明治十九年（1886）没。享年七十歳。

嘉永六年（1853）、筆頭奉行《ひっとうぶぎょう》として江戸詰めとなったが、病《やまい》のため数年で辞職。後任奉行の芝田民部《しばたみんぶ》は「安政《あんせい》の改革」に取り組んだ。だが、政争に敗れて五年余で失脚《しっきゃく》した。

但木は、戊辰《ぼしん》戦争の際に奥羽越列藩同盟《おううえつれっぱんどうめい》の中心人物として、薩長《さっちょう》による新政

▼下野国（しもつけのくに）
旧国名の一つ。現在の栃木県に相当する。

▼着座（ちゃくざ）
任官されてのち、官庁・外記庁（げきのちょう）の自分の座に着く儀式。

▼奉行（ぶぎょう）
武家社会において、上命を奉じて公事・行事を執行すること。またはその担当者。

▼奥羽越列藩同盟（おううえつれっぱんどうめい）
戊辰戦争に際して新政府に対抗した東北及び越後諸藩による同盟。仙台藩を中心に、奥羽二十五藩、越後六藩の計三十一藩が参加した。会津藩征討の中止を求め、連合して薩長軍を討つとした。

府の西郷隆盛《さいごうたかもり》（薩摩藩《さつま》）と対比された。勤皇開国《きんのうかいこく》・和平不戦を信条とする但木だったが、朝敵《ちょうてき》とされた会津藩を守るため、「奥羽《おうう》の大義《たいぎ》」を掲げ、奥羽越列藩同盟の実権者となって新政府と対決した。幕末の混乱期に藩主を支え、破産状態だった藩財政の改革に手腕を発揮した。玉蟲左太夫ら下級藩士を数多く引き上げて育成した功績は大きい。

飢饉・凶作・北方領土警備で財政破綻寸前

万延《まんえん》元年（1860）三月、大老・井伊直弼《いいなおすけ》が桜田門外で暗殺され、幕府の権威が大いに揺らいだ。その翌月、仙台藩主伊達慶邦《だてよしくに》によって、但木は筆頭奉行に再任され、国政を執行し、軍事を統括する重責《じゅうせき》に就《つ》く。

当時の仙台藩は、六十二万石と全国三番目の大藩と言われていたが、実質石高は百万石以上（一方では百五十万石とも）、直臣《じきしん》一万人、陪臣《ばいしん》二万四千人の家臣団を抱える全国屈指の大大名であった。

だが、天保《てんぽう》の飢饉《ききん》から相次ぐ凶作、さらにロシアの南下政策に備えて幕府か

▼薩長（さっちょう）
薩摩国と長門国。薩長連合を略してこう呼ぶ。

▼薩摩藩（さつまはん）
旧国名の一つ。現在の鹿児島県西部に相当する薩州（さっしゅう）のこと。

▼会津藩（あいづはん）
陸奥国若松（現在の福島県会津若松市）にあった大藩。豊臣秀吉の奥州仕置（1590年）により、蒲生氏郷（がもう・うじさと）が入府。九十二万石を領した。

▼井伊直弼（いい・なおすけ）（一八一五～六〇）
幕末の江戸幕府大老。第十三代彦根藩主。一橋派に対する大弾圧を行ない、それが尊皇攘夷派の憤激を呼んで桜田門外で暗殺された。

▼桜田門外（さくらだもんがい）
安政七年三月三日に江戸城桜田門外で水戸藩からの脱藩十七名と薩摩藩士一名が彦根藩の行列を襲撃、大老井伊直弼を暗殺した事件の現場。「桜田事変」「桜田門外の変」とも言う。

ら蝦夷地《えぞち》の警備を命じられる。その範囲は、白老《しらおい》から択捉島《えとろふ》に至る広大なものであった。警備にかかる多額の費用は藩が負担しなければならない。瞬く間に財政は破綻《はたん》寸前に陥《おちい》った。

但木は、軍事費を削減するなど緊縮財政を断行し、養蚕《ようさん》・製茶・鉱業・水産など産業の振興を図って収入を増やす努力を重ねる。その行動力を見た周囲からは「藩王の政治を実直端正に支え、事あれば顔を犯して直言《ちょくげん》するもの独《ひと》り但木のみ」と高く評される。参政の三好監物《みよしけんもつ》は、但木の懐刀《ふところがたな》として、政策・財政改革に敏腕《びんわん》を振るい続けた。

但木は、外交の師とする仙台藩儒学者・大槻磐渓《おおつきばんけい》や福沢諭吉《ふくざわゆきち》と交わり、諸外国の情勢を知って開国和親を主張し、尊王攘夷《そんのうじょうい》論者を〝非現実的〟と批判。文久《ぶんきゅう》三年（1863）、藩王上洛を巡る藩内の政争で、但木は尊王攘夷《そんのうじょうい》派を弾劾《だんがい》、閉門・蟄居《ちっきょ》の処分をして開国派による藩論の統一を図った。

元治《がんじ》元年（1864）、京都で「禁門《きんもん》の変」が起こり、御所《ごしょ》に攻め寄せた長州《ちょうしゅう》藩は朝敵《ちょうてき》とされた。激しく変動する政局に、但木は大槻文彦《おおつきふみひこ》らを取り立て、西国有力諸藩の情勢探索を命じて藩政に当たった。

▼蝦夷地（えぞち）
北海道の渡島半島最南端にある松前藩は、慶長九年（1604）、徳川家康が与えた黒印状によって、独占的な蝦夷地交易権を与えられ、アイヌの人々との関係が規定された。この支配を確実にするため、和人村落・藩権力が及ぶ「和人地」、アイヌ居住地・交易地の「蝦夷地」に分けた。

▼白老（しらおい）
北海道・札幌の南西部、太平洋に面した人口約一万五千六百人（令和五年一月）の町。アイヌ史跡、競走馬育成、和牛生産で知られる。幕末には蝦夷地警備を目的に仙台藩の陣屋が置かれた。令和二年七月、同町ポロト湖畔に先住民族・アイヌの文化振興等に関するナショナルセンターとしてウポポイ（民族共生象徴空間）がオープンした。

▼択捉島（えとろふとう）
北海道東部の沖合に連なる千島列島のうち、南千島に属する火山島。北海道根室支庁に属する。面積三千百八十六・六四平方キロ、長さは約二百十四キロ、北海道・本州・四国・九州を除けば日本で最大の島。北方領土の一つ。

仙台藩は苦しい財政事情もあって、遠く西国での戦争に巻き込まれるのを避け、政局不介入の姿勢を貫いて藩力の強化に専念した。

土佐の人望とリーダーシップ

慶応《けいおう》二年（1866）二月、但木は筆頭奉行を退任したが、九月に再度奉行を命じられ、藩主名代《みょうだい》として京都に派遣された。急変する政局に、藩の軍制改革を進めるのが任務であった。公儀使大童信太夫《おおわらわしんたゆう》と都奉行松倉恂（後年初代仙台市長）に横浜でライフル銃など洋式銃と蒸気船の購入を命じ、二人は多額の資金作りを生糸貿易に求め、さらに武器購入にも奔走して但木の期待に応えた。

慶応三年（1867）十月、将軍徳川慶喜《とくがわよしのぶ》が「大政奉還《たいせいほうかん》」した。藩主の名代《みょうだい》として上洛《じょうらく》していた但木は、同年十二月、「王政復古《おうせいふっこ》」の軍事政変に直面した。「外国の勢力がわが国の隙を狙っている時に内乱を起こすべきではない」という声が各所から高まった。有力諸藩との会議、幕府閣僚との会談、さらに、朝廷へ

▼大槻磐渓（おおつき・ばんけい）（一八〇一～七八）
幕末・維新期の砲術家。儒者。仙台藩の蘭学者、大槻玄沢の二男。蘭学学習のために長崎に遊学。仙台藩の藩校である養賢堂の学頭（学長）に就任した。奥羽越列藩同盟時の起草を担当したため投獄される。その後、許されて東京で余生を送った。

▼禁門の変（きんもんのへん）
蛤御門（はまぐりごもん）の変。

▼長州藩（ちょうしゅうはん）
江戸時代に周防国と長門国を領国とした外様大名・毛利家を藩主とする藩。現在の山口県に相当する。

▼大槻文彦（おおつき・ふみひこ）（一八四七～一九二八）
国語学者。磐渓の第三子。文部省から日本語辞書の編纂を命じられ、「言海」を完成させた。

▼大政奉還（たいせいほうかん）
慶応三年十月十四日、江戸幕府の第十五代将軍徳川慶喜が政権の朝廷返上を申し出、翌日勅許された政治事件。

▼名代（みょうだい）
人の代わりに立つこと。代理。

▼上洛（じょうらく）
地方から都に上ること。京都に行くこと。

▼王政復古（おうせいふっこ）
天皇制再編を軸とする体制改革。天皇親政の形式の下で、朝廷を諸藩連合政権の頂点に位置づけた。

▼建白書（けんぱくしょ）
政府・上役などに自分の意見を申し立てること。建白の趣旨を書いた書面。

▼戊辰戦争（ぼしんせんそう）
慶応四・明治元年（1868）から翌年まで行なわれた新政府軍と幕府側との戦いの総称。鳥羽・伏見の戦、彰義隊の戦（上野戦争）、会津藩・長岡藩との戦、箱館（函館）戦争などを含む。戊辰の役。

▼鎮撫総督府（ちんぶそうとくふ）
慶応四年の戊辰戦争に際し、維新政府が各地方を鎮撫（反乱・暴動などをしずめて穏やかにすること）するために設けた役所。国府。

▼参謀（さんぼう）
司令官の幕僚として作戦や傭兵の計画・指導に当たる将校。

の建白書《けんぱくしょ》提出と、但木は次々に策を打ち出して和平工作に努めたが、最終的には薩摩《さつま》・長州《ちょうしゅう》両藩による武力倒幕への動きを止めることは出来なかった。

　慶応《けいおう》四年（1868）一月、遂《つい》に鳥羽・伏見で戊辰戦争《ぼしんせんそう》が勃発し、朝廷は仙台藩に会津藩の征討《せいとう》を命じた。事態の急展開に、但木は「奥羽諸藩会議」を招集し、奥羽諸藩の連携を深める。

　同年二月、急ぎ国元に戻り、藩主の慶邦に京都の政情を報告。判断一つで、今後の藩の運命を左右する極めて重要な時期であることを上申《じょうしん》、慎重な対応をするよう求めた。討会については、藩内の意見は分裂していた。仙台藩は、こうした但木らの努力もあって、非戦・和平を貫き、藩主の建白書提出や有力諸藩との連携工作を進めていった。

　だが、運命は仙台藩にとって過酷な方へと傾く。会津藩の謝罪嘆願が、鎮撫《ちんぶ》総督府《そうとくふ》の参謀《さんぼう》・世良修蔵《せらしゅうぞう》に却下されると、但木は世良の抹殺《まっさつ》を認め、その実行によって奥羽の結束が固まった。但木は関宿会議、白石会議と諸藩との合意を重ね、奥羽を守るため防衛戦を決断した。「朝廷による真の政権」と「公論衆議《こうろんしゅうぎ》（議会主義）」を大義に掲げ、五月には「奥羽列藩同盟」を結成。そこに長岡藩ら北越の諸藩も加盟し、計三十一藩による「奥羽越《えつ》列藩同盟」に膨れ上がった。朝敵とされた会津藩と庄内藩も会議に参加していた。

但木の真意は、どこにあったのだろうか。あれほど非戦に拘《こだわ》っていた但木が、多くの血が流れることが確実な防衛戦へと舵《かじ》を切ったのは何故なのか。

胸の内にあったのは「東方から真の勤王の旗を掲げ、儀政府軍を打ち払い、王政復古を東方諸侯から成し遂げる」であったとされる。

同盟の軍政と財政を担当し、新政府軍と対抗する実権を握る。さまざまに思惑の異なる奥羽越諸藩を一つに結集出来たのは、土佐の人望と卓越したリーダーシップであった。

さらに、藩主を守る近衛兵《このえへい》とすべく、土佐の手勢から士官候補百人を選別し、これに藩士の二男三男八百人を募り、星恂《じゅん》太郎を軍事教師として最新の洋式軍隊「額兵隊《がくへいたい》」を創設、その時に備えた。

▼世良修蔵（せら・しゅうぞう）（一八三五〜六八）
幕末期の長州藩（現在の山口県）の志士。奇兵隊に入って書記となり、同隊の編成に尽力、軍監となった。奥羽鎮撫総督参謀となり、会津攻撃の強硬論を主張した。福島に滞在中、仙台藩の使者を退けたために恨みを買い、旅籠で捕えられて惨殺された。

但木土佐の招魂之碑（大和町吉田の保福寺）

▼額兵隊（がくへいたい）
江戸時代末期（幕末）に仙台藩で結成された洋式銃隊（西洋式軍隊）。

▼近衛兵（このえへい）
君主を護衛（警護）する（君主直属の）軍人・軍団や、直属の護衛のこと。

3 松倉 惇（まつくら・じゅん）

軍艦奉行・戦費づくりに奔走

松倉 惇

松倉惇（まつくら・じゅん）は、文政《ぶんせい》十年（1827）仙台生まれ。明治三十七年（1904）逝去、享年七十八歳。明治維新時は四十二歳。

松倉は才能に富み、仕えていた仙台藩内で徐々に昇進し、嘉永《かえい》六年（1853）には、十三代仙台藩主伊達慶邦《よしくに》の小姓《こしょう》となる。先祖は最上義光《もがみよしあき》の家臣で、元和《げんな》八年（1622）に最上家が没落後、仙台藩二代忠宗の時に召し出され、国番《くにばん》を務める。父三右衛門は評定所《ひょうじょうしょ》の役人であった。松倉は、藩主が出府《しゅっぷ》の時は江戸勤番となった。また、慶邦《よしくに》にその才を認められて町奉行も務めた。

幕末の混乱期、慶邦は京の情勢から財政の強化と軍備の備えを奨励《しょうれい》した。慶応《けいおう》二年（1866）五月、松倉は兵具《ひょうぐ》奉行を命じられ、兵器改良を主として施条銃（ライフル）の銃隊を編成するなどの軍制改正を建言した。藩はこれを

▼小姓（こしょう）
小冠者。武家の職名。主君の側に仕え、雑用を担当する武士。近習小姓・側小姓ともいう。

▼最上義光（もがみ・よしあき）（一五四六～一六一四）
戦国時代末期の天文十五年（1546）から江戸時代初期の慶長十九年（1614）まで、山形五十七万石を領した東北有数の大名。山形城がある村山地方を拠点に、日本海側の庄内地方にまで勢力を広げ、近隣の上杉氏や伊達氏と争った。

▼評定所（ひょうじょうしょ）
仙台藩の裁判・検察を行なった司法機関。寛永十三年（1636）に設けられ、当初は裁判許所と呼ばれた。町奉行と兼務した。

▼兵具奉行（ひょうぐぶぎょう）
近代の武家社会で、甲冑・刀・槍（やり）・矢の類を扱い、それらを管理・使用する担当者の最高責任者。

容《い》れて改正を命じた。

慶応《けいおう》三年（1867）十二月、松倉は軍艦奉行《ぐんかんぶぎょう》となったが、国内の情勢は緊迫の度合いを深めていた。松倉は江戸幕府を倒し、国内の統一を目指す新政府軍との決戦を覚悟して、軍備増強が早急に必要であると判断。同月中に急ぎ横浜へと向かい、勝海舟《かつかいしゅう》の見立てで米国の蒸気艦《じょうきかん》一隻を、テキストル商会を通じて購入した。値段は十万七千両。宮城丸と命名し、松倉はその船将《せんしょう》となった。

しかしながら、宮城丸は後に暴風雨に遭《あ》い、浦賀《うらが》沖で沈没してしまう。さらにスナイドル銃数千丁を三万両で、大砲二門を買い入れ、藩の意向で二門のうち一門は相馬藩《そうまはん》に譲り、もう一門を仙台藩で使用し、新政府軍に恐れられた。この大砲は戦後没収され、靖国神社《やすくにじんじゃ》に陳列された。

こうした外国商人との折衝には、訪米経験があった玉蟲左太夫《たまむしさだゆう》が通訳となって当たった。多額の資金は、磐井《いわい》郡千厩《せんまや》（現在の一関市）出身の豪商・熊谷伊《くまがいい》助《すけ》らによる協力があったものと推察される。熊谷は明治期の日本で、外貨獲得のため、海外への重要な輸出品であった生糸《きいと》を扱う商売で巨万の財を成し、横

▼軍艦奉行（ぐんかんぶぎょう）
幕末期に江戸幕府の軍制改革で設置された役職。海軍強化を目的に安政六年（1859）二月に設置された。軍艦の購入と建造、操船技術などを担当した。

▼船将（せんしょう）
軍艦の指揮者。船大将（ふなだいしょう）ともいう。船長。

▼相馬藩（そうまはん）
江戸期、今の福島県の浜通り北部にあった藩。相馬氏六万石の城下町。藩主の名前からこう呼ばれるが、正式には相馬中村藩。

▼スナイドル銃（じゅう）
前装式のエンフィールド銃を、後装式に改良した英国製の小銃。明治期の日本陸軍が採用したが、一三年式村田銃の出現によって廃止された。

▼玉蟲左太夫（たまむし・さだゆう）
（一八二三〜六九）
仙台藩士鷹匠玉蟲伸茂の七男として仙台で生まれる。軍事局応援統取、養賢堂統取、大番士百七十二石。藩校の養賢堂で蘭学者の大槻磐渓に学び、二十代で江戸に出て

浜に出て港湾建設や市街地の開発にも関わるなど、豪商として成功を収めたばかりでなく、日本の近代史を陰で支えた人物である。江戸で大童信太夫《おおわらわしんたゆう》と共に戦費確保に奔走《ほんそう》し、幕府から軍費三万両の借出しに成功した。一方、勝海舟らの情報により、戊辰戦争の先行きについて悟《さと》ることがあったようだ。（「仙台藩の戊辰戦争」木村紀夫著　荒蝦夷刊：参照）

慶応《けいおう》四年（1886）一月、鳥羽・伏見の戦いをきっかけに戊辰戦争が勃発《ぼっぱつ》。同年五月、輪王寺宮《りんのうじのみや》が上野（江戸）戦争で敗れて榎本武揚《えのもとたけあき》の軍艦長鯨丸《ちょうげいまる》で逃れる際、松倉は大童と共に江戸にいた藩士たちを指揮して芝（現在の東京都港区）の仙台藩上屋敷にあった宝物や陶器類を船に積み込ませて仙台に送った。さらに米沢藩士の雲井龍雄《くもいたつお》に懇願《こんがん》されて乗船を認め、逃れる手助けをした。

このほか、芝藩邸が新政府側の要求で土佐藩へ引き渡しさせられそうになると、それは不条理だとして拒《こば》み、相手の眼の前で建物に火を放って焼き払うという強硬な手段に訴えた。追われる身となった二人は、松倉は吉原に潜伏《せんぷく》、大童は藩邸大崎屋敷に逃げ込んだ。この頃、新政府軍は両人の捜索を進めており、

幕府の儒学者林復斎の私塾「昌平黌（しょうへいこう）」でも学ぶ。幕府にその才能を認められ、日米修好通商条約批准のため、幕府正使の従者として渡米。米国各地を見聞した内容を『航米日録』として著した。富田鉄之助（日銀総裁）、高橋是清（総理大臣）、横尾東作（探検家）らの指導にも当たる。維新時は四十六歳。

▼熊谷伊助（くまがい・いすけ）（一八二四〜七六）

江戸に出て酒屋に奉公しながら英語を習得。黒船でペリーが来航した際、ペリー本人から直接本人の肖像写真を貰ったというエピソードがある。横浜の基礎を築いた高島嘉右衛門や大倉喜八郎らと肩を並べ、「横浜三豪商」の一人となる。

▼生糸（きいと）

蚕（かいこ）の繭（まゆ）から取った繊維をあわせて糸としたもので、まだ練らない絹糸。

▼大童信太夫（おおわらは・しんたゆう）（一八三二〜一九〇〇）

維新時三七歳。江戸留守居役後、大番士。禄高四十石。安政六年（1859）、二十八歳にして役料二五〇石の

かろうじて追っ手をかわすことが出来た。

出入司に昇進

軍艦奉行になった松倉は、仙台に帰ると但木土佐の命で、直ちに出入司《しゅつにゅうし》（藩の経済官僚のトップ、収入役）に抜擢《ばってき》され、笠原中務から任務を引き継いだ。しかし、藩の軍資金が僅《わず》か五千両足らずしかないことを知り、余りの少なさに驚きながらも財政を一手に引き受ける決断をしたのだった。

城下の商人には、これ以上の御用金提供を求めるのは望めなかった。急遽《きゅうきょ》、東山（現在の岩手県一関市）や本吉《もとよし》（宮城県気仙沼市）、柳津《やないづ》（同県登米《とめ》市）周辺の肝煎《きもいり》に協力を求め、生糸《きいと》二百梱《こうり》を集めて横浜に出荷、その売上代金として得た九万両を武器購入の資金に充《あ》てた。同時に国元で銃と弾丸を製造させるなど、次々に手を打っては実行に移した。そうした目を見張るようなアイデアを駆使し、難局を乗り越えようとしたものの、八月に入ると兵器・弾薬が欠乏するようになり、一層の軍資金捻出と軍備増強、農兵徴集《ちょうしゅう》に奔走《ほんそう》した。

江戸藩邸公儀使いに抜擢され、公武の間を周施し「各藩の志士で仙台の大童を知らぬ者なし」と言われた。

▼輪王寺宮（りんのうじのみや）
日光輪王寺及び上野輪王寺の門跡であった法親王の称号。日光宮。代々上野寛永寺の住職を務めた。維新時の輪王寺宮は、二十二歳で同盟軍総督。皇族。一万三千石。明治天皇の叔父に当たる。

▼榎本武揚（えのもと・たけあき）（一八三六～一九〇八）
政治家。幕臣。戊辰戦争で旧幕府を率いて箱館（函館）五稜郭（ごりょうかく）に拠って新政府軍に抗したが降伏。のちに駐露公使としてロシアと樺太・千島交換条約を結ぶ。子爵。

▼出入司（しゅつにゅうし）
金銭の支出入を主に管理する役目の役人。

▼梱（こうり）
梱包（こんぽう）した綿糸・生糸などの数量を表す単位の名称。綿糸一梱は、一八一・四四キログラム、生糸一梱は、三三・七五キログラム。

特に深刻だったのは、軍資金の不足であった。生糸《きいと》（特に東磐井《ひがしいわい》地方産）や細倉鉱山《ほそくらこうざん》（宮城県栗原市）の鉛《なまり》を横浜に持ち出して売却しても足りず、二分金を四千両分も偽造《ぎぞう》させたという。貨幣の偽造など本来やってはならない方法も選ばざるを得ない程追い詰められていた。緊急避難的な政策とは言え、藩が不正と知りながら取引相手を騙《だま》すことになる訳で、松倉らの苦汁《くじゅう》の決断だったことが伺《うかが》える。ただ、こうした不正は仙台藩に限った話ではなく、当時は薩摩《さつま》藩はじめ他の多くの藩でも軍資金調達の目的で偽金作りを行なっていたという。

慶応《けいおう》四年九月六日、松倉は出入司兼小姓頭となる。九月八日、改元の詔《みことのり》が発せられ、元号が明治へと改められた。

仙台藩と深い繋がりがあった福沢諭吉《ふくざわゆきち》は、「仙台藩の謀主は但木土佐《ただきとさ》という家老だが、実は〝謀主《ぼうしゅ》の謀主〟がいる。それは大童信太夫《おおわらわしんたゆう》と松倉惇《まつくらじゅん》の両人である」と看破《かんぱ》していた。福沢が大童と松倉の二人を、仙台藩の真の戦略家・実力者と高く評価していた所以《ゆえん》であった。

元号が明治に改まったばかりの九月十五日、仙台藩が降伏した。しかし、近

▼詔（みことのり）
天皇のおおせ。「勅語」「勅命」ともいう。

▼福沢諭吉（ふくざわ・ゆきち）（一八三四～一九〇一）
近代日本を代表する啓蒙思想家。慶應義塾の創始者。豊前国（現大分県）中津藩生まれ。万延元年（1860）、咸臨丸（かんりんまる）に従僕として乗船する機会を得て渡米。文久二年（1862）、幕府遣欧使節に随行した。帰国後幕臣。『学問のすすめ』（1872年）で実学に基づく合理的な奮闘を呼び掛けるなど、意欲的に国民の啓蒙に乗り出した。

▼但木土佐（ただき・とさ）（一八一七～六九）
仙台藩筆頭奉行（家老）。幕末に戊辰戦争での仙台藩の実質的指導者。儒学者大槻磐渓の思想に感化された開国・和親主義者。戦後、坂英力と共に反逆首謀の臣として処刑された。

▼看破（かんぱ）
物事の真理を見抜いていること。または、見抜く力。

代装備の額兵隊《がくへいたい》と徹底抗戦を主張する旧藩兵など、四万人が石巻《いしのまき》に集まり、不穏な動きが漂っていた。藩は既に恭順《きょうじゅん》していることであり、内部に困惑が広がった。さらに、仙台藩が降伏する直前の八月十九日、箱館（函館）を決戦の地に選んだ榎本艦隊が品川沖を出発した。途中、銚子沖で嵐に遭《あ》い、艦隊は一時離れ離れになったが、鹿島灘《かしまなだ》や常磐《じょうばん》沖を北上、同二十六日に開陽丸が食糧や燃料の補給などを目的に仙台湾に到着すると、他の船も遅れながらも仙台湾に集結。波の穏やかな松島湾の寒風沢《さぶさわ》や東名《とうな》に停泊して船の破損箇所を修理した。

仙台藩にとって、榎本艦隊の存在は都合が悪い。艦隊を撤退《てったい》させるため、藩は武田李助らを石巻に送り、折衝《せっしょう》していた。さらに十月、細谷十太夫と財政担当の松倉を石巻に遣《つかわ》した。

松倉は奇策《きさく》を練り、かねてから信頼関係があった石巻の豪商・毛利屋理平衛《もうりやりへえ》に敢《あ》えて多額の艦隊用物資の調達を依頼した。毛利屋は松倉の頼みに即座に応え、食糧や燃料、生活用品、薬などを提供した。そして物資の補給を受けた榎本艦隊は、数千人の旧幕府隊と額兵隊を乗せ、十月十二日に箱館へ向けて石巻を出航し

▼額兵隊（がくへいたい）
藩士の二男、三男で三十歳以下の若者を募集して組織した部隊。砲兵百五十人、工兵二百十人、楽兵、士官などで一千人程度の部隊を編成。新式のスナイル銃で英国式訓練を重ねた最新式軍隊。

▼石巻（いしのまき）
宮城県東部の牡鹿半島基部にある同県第二の都市で、人口は約十三万五千人（令和五年八月）。中心部を流れる旧北上川の河口は、藩政時代には北上川舟運による米の積出港として栄え、この港から千石船で江戸まで運んだ。近代に入ってからは、製紙業や水産加工業が中心。二〇一一年の東日本大震災の津波では、被災地最大の三千人を超える犠牲者を出した。

▼毛利屋理平衛（もうりや・りへえ）
（一八二六～七二）
長州毛利家の後裔。代々石巻住吉の北上川沿いにあった米蔵の蔵守を務める仙台藩の蔵守であり、醸造業も営んでいた豪商。理平衛は十一代目に当たる。

た。その直後、仙台にいた新政府軍二千四百人が石巻に殺到した。双方の軍が石巻で衝突すれば、仙台領内随一の港町・石巻は大きな被害を受けていたかも知れない。この懐柔策《かいじゅうさく》は、まさに紙一重《かみひとえ》での成功であった。

初代仙台区長（市長）に就任

明治二年（１８６９）六月、松倉は戊辰戦争に敗れた仙台藩の首脳の一人として責任を負わされ、家跡没収《かせきぼっしゅう》、家財欠所の厳しい処分に遭《あ》った。大童《おおわらわ》と共に仙台から逃れて叔母《おば》の嫁《とつ》ぎ先だった鹿妻《かづま》（現在の東松島市）の姉歯《あねは》家を頼り、同家に一ヵ月余り潜伏《せんぷく》した。さらに、近隣の小野《おの》（同市）の富田《とみた》家に移って潜伏を続けたが、新政府軍の探索が厳しくなると、地元を離れて横浜に向かい、外人館《がいじんやかた》に逃げ込んだ。

間もなく、松倉の人柄と才能をよく知る福沢諭吉や勝海舟《かつかいしゅう》によって許され、松倉は逃亡生活に終わりを告げる。新政府内で活躍できる場を提供されて、愛媛県や岩手県に出仕《しゅっし》して農業や養蚕《ようさん》の振興に力を尽くした。

明治41年（1908）頃の仙台市役所

▼外人館（がいじんやかた）
外国人居留地の横浜、神戸、長崎、函館などにあった外国人が住むための邸宅。特に横浜山手西洋館や外人墓地のある地域は、観光地として人気となっている。

▼勝海舟（かつ・かいしゅう）（一八二三～九九）
幕末の政治家。新政府軍による進軍を前に、江戸幕府代表として江戸城の明け渡しを行なった。参議院議員、海軍卿、枢密院顧問官、伯爵。

明治十一年（1878）四月、「郡区町村編成法」が施行され、松倉は、当時の宮城県権令（知事）松平正直《まつだいらまさなお》に推《お》されて、初代仙台区長（現在の市長に当たる）に就任。六年余り勤めて仙台市発展の基礎をつくった。戊辰戦争《ぼしんせんそう》から三十年が経った明治三十年（1877）六月十日、松倉は旧主伊達慶邦《だてよしくに》の命を受けて、仙台藩最後の決戦場の城跡に建つ「仙台藩戊辰戦没碑」の前にて駒ヶ嶺の詩を賦《ふ》した。

晩年は、伊達家の家令《かれい》（華族の家で総務を管理する最高位の仕事）を務め、後に隠棲生活を送り、詩酒に余生を送った。

松倉と大童は、維新前後から明治二十年辺りまで仙台藩士にとって「柱石《ちゅうせき》」であった。墓所《ぼしょ》は仙台市青葉区新坂町の永昌寺にある。（『仙台藩の戊辰戦争・幕末新人物録』木村紀夫著：荒蝦夷刊　参照

2018年6月）

▼**柱石（ちゅうせき）**

国家を支える中心となる人物。

▼**郡区町村編成法（ぐんくちょうそんへんせいほう）**

日本の地方制度に関する太政官布告。地方三新法の一つとして、明治十一年（1878）七月二十二日に太政官布告第十七号として制定された。従前の大区小区制が地方の実情に合わず不評であったために見直しが必要となったことや、自由民権運動の高まりにより地方政治への住民の参加を認める必要性が出てきたことから導入された。

▼**松平正直（まつだいら・まさなお）**

（一八四四〜一九一五）

日本の武士（福井藩士）、官僚、政治家、実業家。内務次官、県知事、貴族院議員、枢密顧問官、錦鶏間祗候、男爵。明治六年（1873）十一月、内務省が新設され内務少丞に就任。内務権大書記官を経て、同十一年（1878）七月、宮城県権令となる。同県令を経て、明治十九年（1886）七月、初代宮城県知事に就任。宮城県知事としては産業振興、土木、教育施策の推進に努めた。

松倉の墓がある永昌寺
（仙台市青葉区新坂町）

4　山梨　勝之進（やまなし・かつのしん）

山梨勝之進の生家跡に建つ記念碑（宮城一高内）と著者（写真・二女麻由子）

▼東華学校（とうかがっこう）
明治十九年（1886）に仙台市清水小路に設立されたキリスト教系の男子校。河北新報を創刊した一力健治郎、『南小泉村』を著した作家の真山青果、山梨勝之進らを輩出した。

東華学校の校舎（カット・著者）

軍縮と対米非戦に心血　仙台出身の海軍大将

山梨勝之進（やまなし・かつのしん）は、明治十年（1877）、士族《しぞく》山梨文之進の長男として、仙台市中島丁《なかじまちょう》（現在の仙台市青葉区八幡、県立宮城第一高等学校の校庭に生家跡の碑《ひ》がある。写真上）で生まれる。享年九十歳。

勝之進は、海軍に進む道を選び、仙台東華《とうか》学校（初代校長は同志社の創始者・新島襄《にいじまじょう》）で英語を学んだ。秀才中の秀才が競い合う海軍兵学校に入学、三十二人中二番目の成績で卒業した。日清戦争が終わった二年後である。

二十四歳の時、戦艦「三笠《みかさ》」回航委員の先発として英国に駐在。二十七歳で日露戦争に従軍し、扶桑《ふそう》航海長、第四艦隊参謀に補される。

治三十九年（1906）、海軍大学校第五期生となり、教官の鈴木貫太郎《かんたろう》大佐や日露《にちろ》戦争で活躍した秋山眞之《さねゆき》中佐ら名士に学ぶ。

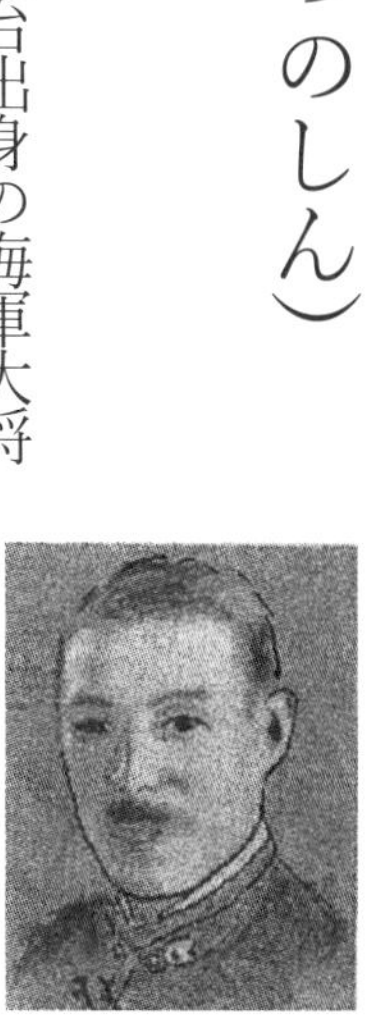
山梨　勝之進

翌年、十六人中の次席で卒業し、海軍大将山本権平衛《ごんべえ》（後に総理大臣）ら優れた上官に仕え、人を見る目が養われる。後に海軍大学校教官となって戦史を担当して、学生に山本五十六《いそろく》（元帥《げんすい》）、古賀峯一《こがみねいち》（同）、堀悌吉《ほりていきち》（中将）らがいた。（「りらく」令和2年4月号、木村紀夫著参照・以下同）

中将、海軍次官と出世の道

第一次世界大戦の終結後、日米間の建艦《けんかん》競争が激しくなる。軍備制限のため、大正十年（１９２１）十一月から翌年二月まで、米国のワシントンＤ・Ｃで開かれた「ワシントン会議」で、海軍軍縮条約が締結された。日本海軍の主流を占める「艦隊派」は、国防のためとして軍縮に猛反対し、軍縮推進の「条約派」との対立が激化した。

日本の発展のため、「日米海軍は戦うべからず」の信念を強く持つ山梨は、加藤友三郎全権大使の随員《ずいいん》としてこの会議に参加した。だが、会議は難航。山梨は全力で加藤を補佐し、米・英・日の主力艦を「５：５：３」とする比率が定

▼新島襄（にいじま・じょう）（一八四三〜九〇）
教育者。京都に同志社を創立。岩倉遣外使節に随行し、米国の学校教育制度を視察、調査を担当した。

▼日清戦争（にっしんせんそう）
明治二十七年（１８９４）から翌二十八年（１８９５）まで、日本が清国と戦った戦争。日本が勝利した。

▼日露戦争（にちろせんそう）
韓国（朝鮮）と満州（中国東北地域）の支配権を巡って日本と帝政ロシアが行なった戦争。明治三十七年（１９０４）二月から同三十八年（１９０５）九月まで。日本の勝利に終わった。

▼海軍軍縮条約（かいぐんぐんしゅくじょうやく）
一九二一年十一月から翌年二月まで、米国のワシントンＤ・Ｃで開催されたワシントン会議のうち、海軍の軍縮問題についての討議の上で採択された条約。米・英・日、仏・伊のいわゆる五大国の戦艦・航空母艦（空母）等の保有の制限が取り決められた。

▼原敬（はら・たかし）（一八五六〜一九二一）
大正期の官僚。政治家。第十九代内閣総理大臣。盛岡藩側用人・直治の二男として生まれる。祖父は家老職。フランス神学校でフランス語を学ぶ。大阪毎日新聞社社長。政友会結成。原内閣を組閣するも、大正十年（1921）に東京駅で暗殺される。

▼若槻禮次郎（わかつき・れいじろう）（一八六六〜一九四九）
日本の大蔵官僚。政治家。貴族院議員、大蔵大臣、内務大臣、内閣総理大臣（第二十五代）、拓務大臣を歴任した。島根県生まれ。

▼統帥権（とうすいけん）
大日本帝国憲法では、軍令（陸・海・空軍の統帥に関する命令）と軍政（軍事上の行政）が別々に規定されており、大元帥である天皇の軍隊統率権を十一条「天皇は陸海軍ヲ統帥ス」とし、一般行政、国務に属さないことから「統帥大権の独立」と称された。

▼予備役（よびえき）
現役を終了した者が服する兵役。昭和十六年の改正で陸軍十五年四カ月、海軍十二年の予備役が決定された。


められた。ちょうど原敬《はらたかし》首相が東京駅頭で暗殺された年である。

その後の山梨は、中将、海軍次官と出世の道を歩んだ。昭和五年の「ロンドン軍縮会議」は、補助艦艇の削減で各国の主張がかみ合わず、交渉は難航。日米の比率に軍令部や海軍首脳部、さらに右翼《うよく》の激しい攻撃で交渉は危機的状況となる。若槻禮次郎《わかつきれいじろう》全権大使の留守を預かった山梨は、国内にあって海軍の実質的最高責任者として条約締結のため対立する海軍内部の取りまとめに心血《しんけつ》を注いだ。

軍縮に猛反対する「政友会」などと激しく対立し、暗殺される危険もあったが、反対派を懸命に説得し、日米の主力艦比率「69・75対100」で妥協に持ち込み、軍縮会議は成功した。しかし、その直後起こった統帥権干犯《とうすいけんかんぱん》問題があり、山梨は「海軍の御奉公中、最も苦難な時代で感慨無量である」と述懐《じゅっかい》している。

昭和七年（1932）四月、山梨は海軍大将に親任されたが、翌年、突如《とつじょ》予《よ》備役《びえき》に編入され、海軍を追われた。軍縮に反対する「艦隊派」の後ろ盾が、鹿児島出身の東郷平八郎《とうごうへいはちろう》元帥であった。山梨は人事局長在任中、海軍大臣に目に余《あま》る鹿児島優遇《ゆうぐう》人事を止めるように進言《しんげん》し、実行していた。その山梨の言動を気に入らない一派による画策《かくさく》の結果であったと思われる。

「条約派」の旗頭・山梨

「条約派」の旗頭《はたがしら》であった山梨大将の退役《たいえき》によって、「艦隊派」が政治の主導権を握るようになった。若槻《わかつき》元総理は「(貴方は)未来の宮内大臣と噂《うわさ》されていたが、こんなことがなければ海軍大臣でも連合艦隊司令官にも成り得たのに…。それが予備役になるとは…。誠に申し訳ない」と山梨を気遣った。すると山梨は「いや、軍縮のような大問題は犠牲無しには決まりません。誰かが犠牲になって会議が成功したのだから気にするには及びません」と意に介さない様子であったという。山梨の軍人として、さらには人間としての器の大きさがうかがい知れるエピソードである。

▼艦隊派（かんたいは）
戦前の日本海軍内部にあった派閥で、艦船を増強して軍事力強化を図ることを目的にした。

▼東郷平八郎（とうごう・へいはちろう）（一八四八〜一九三四）
明治時代の日本海軍の指揮官として日清及び日露戦争の勝利に大きく貢献し、日本の国際的地位を「五大国」の一員とするまでに引き上げた。鹿児島県生まれ。

▼鹿児島優遇人事（かごしまゆうぐうじんじ）
軍部内で力を持つ人間が、同郷出身者を優遇して人事を行なった公平ではない行為。東郷平八郎が鹿児島出身者を優遇したことからこう呼ばれた。

▼進言（しんげん）
積極的に自分の意見を述べること。それによって、事態がいい方向に向くように努力すること。

▼条約派（じょうやくは）
艦隊派のような軍事力増強よりも、外国との話し合いによって、より平和に国際関係を築こうとした日本海軍内部にあった派閥。

山梨の軍政家としての手腕は、海軍部内でも卓越《たくえつ》したものだった。頭が切れ、誠実で、将来の国防問題に対する的確な見通しを持ち、部内を統制する識見を持っている。山梨の進める軍縮・平和の思想を受け継ぐ人物には、米内光政《よないみつまさ》、山本五十六《やまもといそろく》、井上成美《いのうえしげよし》らがいた。

皇太子の訓育大任に就く

予備役の任務が終わると、山梨は東京の千歳船橋《ちとせふなばし》の自宅でバラを栽培するなど平穏な日々を送っていた。昭和十四年（１９３９）十月、学習院《がくしゅういん》院長に就任。皇太子明仁親王《あきひとしんのう》（現・上皇）の入学を目前にして、院長の人選は極めて慎重《しんちょう》に行われ、特に昭和天皇の信任が厚かった山梨が、皇太子の教育を任せられる人物として抜擢されたのだった。

昭和十六年（１９４１）十二月に始まった太平洋戦争は、日本国内の主要都市が米軍による空爆で壊滅的な被害を受け、国土は焦土《しょうど》と化した。

▼学習院（がくしゅういん）
東京都豊島区目白にある。幼稚園から大学までの私立総合学園。明治十年（1877）に神田錦町に「華族学校」として開校。明治天皇より「学習院」の校名を賜って創立した。

▼米内光政（よない・みつまさ）（一八八〇～一九四八）
日本の海軍軍人。政治家。第三十七代内閣総理大臣。盛岡市の旧南部藩下級藩士の家に生まれる。家は貧しかったが、黙々と勉強に励み、盛岡中学から仙台の海軍士官学校に進学。連合艦隊司令長官、海軍大臣、内閣総理大臣を歴任した。

▼山本五十六（やまもと・いそろく）（一八八四～一九四三）
日本の海軍軍人。最終階級は元帥海軍大将。新潟県長岡出身。

▼井上成美（いのうえ・しげよし）（一八八九～一九七五）
大日本帝国の海軍軍人。海軍大将。帝国海軍で最後に大将に昇進した二人の軍人の一人。仙台市出身。

▼千歳船橋（ちとせふなばし）
東京都世田谷区船橋一丁目の小田急小田原線にある駅名。

五城寮卒業記念。（仙台育英会五城寮記念誌）

▼詔書（しょうしょ）
天皇が国事行為に伴って発する公文書。

▼GHQ（ジー・エイチ・キュー）
第二次大戦時の連合国最高司令部を指す。敗戦国となった日本を占領・管理するために昭和二十年（1945）東京に設置。初代司令官は、マッカーサー元帥。「General Headquarters」の略。

▼五城寮（ごじょうりょう）
奨学金支給事業を行っていた「仙台育英会」（平成十九年解散）が、郷土の学生の支援を目的に、大正四年（1915）に東京巣鴨に開設。戦災で焼失したため、戦後の昭和二十六年（1951）に東京都から土地を借りて宮城にゆかりのある旧仙台藩藩邸跡地再建された。

日本初の地上戦となった沖縄戦、広島と長崎への原爆投下…。そして、昭和二十年（1945）八月十五日、日本はポツダム宣言を受け入れ、無条件降伏した。終戦の翌年の昭和二十一年元日に発表された昭和天皇の「人間宣言」の中で、天皇は「自分は神ではない」とし、明治天皇のよる五箇条の御誓文《ごせいもん》に立脚した国づくりをすべしと述べられた。山梨はこの詔書《しょうしょ》作成に強く関わり、GHQとの調整に奔走《ほんそう》した。

その後の山梨は、郷里の宮城県から都内の大学に進学する男子学生を対象として、昭和二十六年（1951）、品川区内に開設された「五城寮《ごじょうりょう》」の初代舎監《しゃかん》に就任した。山梨は、その時もう七十三歳になっていたが、以後八年間、妻と共に寮生と起居を共にし、郷里の学生の指導と人格形成に献身的に尽力した。

この寮は、東京都品川区東大井の仙台藩の品川下屋敷跡に建っていた。仙台育英会が運営し、この寮からは数多くの人材を輩出した。この寮で生活していたのは、前宮城県知事の浅野史郎氏、映画監督の岩井俊二氏、仙台藩志会会長の伊達宗弘氏らがいる。

5 今村 均（いまむら・ひとし）

ラバウルを人間愛で率いた「聖将」

今村 均

陸軍大将・今村均（いまむら・ひとし）は、明治十九年（1886）六月、仙台市外記丁《げきちょう》（現在の青葉区錦町・本町付近）で九人兄弟の二男として生まれた。早産だったこともあって体が小さく、子供時代は寝小便に悩んでいた。

今村家の祖父鷲之助は、戊辰戦争《ぼしんせんそう》で仙台藩の参謀を務め、父の虎尾は家計を助けるため裁判所の給仕になり、独学で判事になって各地を転任した。

一家が新潟県新発田《しばた》市在住だった頃、今村は地元の中学校では学年主席《しゅせき》の成績で、東京の一高を目指していた。その時、不運にも父親が病死。篤志家《とくしか》から「奨学金を出すから進学をしてはどうか」という有難い申し出があったものの、陸軍将校の娘だった母親の強い希望もあって陸軍士官学校を選ぶ。

母親は人のお情けで学問を受けるのに反対し、「日本はロシアとの戦争で国

▼戊辰戦争（ぼしんせんそう）
明治新政府とそれに敵対する幕府・諸藩との戦争。発生した一八六八年（慶応四〜明治元）の干支（えと）である戊辰（つちのたつ）から取った呼称。

▼主席（しゅせき）
第一位の席次。主席の席。一番。またはその人。

▼篤志家（とくしか）
社会事業や慈善活動を積極的に援助する人。慈善家。

▼陸軍士官学校（りくぐんしかんがっこう）
大日本帝国陸軍において現役兵科将校を養成する教育機関。本科・予科共に東京の「市ヶ谷台」にあったが、昭和十二年に本科（陸士）は神奈川県座間へ（航士は埼玉県入間に設置）、予科（予士）は同十六年に埼玉県朝霞へそれぞれ移転した。

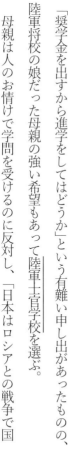

が興《おこ》るか滅んでしまうかの大変な時で、五人も男の子がいて、一人も戦に出ないのではお国に対する義理《ぎり》を欠く」と諭《さと》したという。

時代背景が違うとは言え、自分の息子を自ら戦地に送ろうとする母親の真意は、どのようなものだったのだろうか。

明治三十八年（１９００）、貧弱な体格だったが、今村は新発田の陸軍士官学校に入学。手内職《てないしょく》で送金する母親の手紙に励まされ、兵隊靴で毎日八キロも駆け歩き、勉強にも打ち込んだ。この学校を首席で卒業すると、生まれ故郷・仙台の歩兵第四連隊に配属され、初等兵の教育・射撃訓練などに当たった。

陸軍中将・第五師団長となる

大正四年（１９１５）、東京・青山にあった陸軍大学校を首席で卒業し、軍刀を下賜《かし》される。同期には、東条英機《とうじょうひでき》（後に内閣総理大臣）、本間雅晴《ほんままさはる》（第十四軍司令官）らがいた。大学校卒業後は、仙台歩兵第四連隊の第十中隊長を命じられ、三十歳で結婚。その後、陸軍省軍務局、参謀《さんぼう》本部、武官として英国、インドに駐在した。

昭和五年（１９３０）、大佐に昇進。参謀《さんぼう》本部作戦課長となり、「満州《まんしゅう》問題」

▼手内職（てないしょく）
手先を使って行う軽作業。袋張りや縫物など。

▼歩兵第四連隊（ほへいだいよんれんたい）
大日本帝国陸軍の連隊の一つで、明治八年（１８７５）から昭和二十年（１９４５）まで仙台の榴岡に拠点があった。現在の宮城野区榴岡公園付近。

榴岡公園に建つ「歩兵第四連隊之碑」（宮城野区）

▼東条英機（とうじょう・ひでき）（一八八四〜一九四八）
陸軍中将東条英教の三男として盛岡で生まれる。首相兼陸相・内相。戦後、極東国際軍事裁判でA級戦犯として絞首刑となった。

▼本間雅晴（ほんま・まさはる）（一八八七〜一九四六）
日本の陸軍軍人。最終階級は陸軍中将。太平洋戦争においてフィリピン攻略戦を指揮した。

の解決を命じられる。軍中央の不拡大方針の下に、用兵計画を立案し、関東軍と連絡を取る手はずだったが、事態が変わり、関東軍が出動する「満州事変《まんしゅうじへん》」が勃発《ぼっぱつ》した。

　同十三年（1938）、陸軍中将となった今村は、第五師団長の任命を受け、仙台の北山にある輪王寺《りんのうじ》で父母の墓前に戦地に赴《おもむ》く報告をする。満州国でのノモンハン事件が発生し、二万人弱の戦死者負傷者を出した。多くの部下を亡くし、戦争の残酷さを知った今村は、軍に辞表を提出して仏門に入ろうとしたが、辞表は受理されなかった。第五師団は、休む間もなくベトナム国境に近い南支那《みなみしな》の南寧《なんねい》に転戦。三十万の蒋介石《しょうかいせき》軍に対し、その一割程度の兵力で五十日間戦い抜き、今村の評価を高める。

仙台第二師団四万兵を率いてインドネシアへ

　昭和十六年（1941）七月、アメリカの対日石油禁輸措置は、軍部の対米開戦に踏み切るべきだという気運に火をつける結果になり、同年十二月八日、ハワイの真珠湾攻撃《しんじゅわんこうげき》から太平洋戦争に突入した。陸軍は南方作戦を進めた。

▼満州（まんしゅう）
　中国の東北部一帯の俗称。日本が満州事変により、東北三省及び東部内モンゴルをもって作り上げた傀儡（かいらい）国家。一九三二年、元清（しん）の宣統帝であった溥儀（ふぎ）を執政として建国。三四年に溥儀が皇帝に即位。首都は新京（長春）。四五年、日本の敗戦に伴って消滅した。

▼満州事変（まんしゅうじへん）
　一九三一年九月十八日に中華民国奉天郊外の柳条湖で、関東軍がポーツマス条約により大日本帝国に譲渡された南満洲鉄道の線路を爆破した事件が発端。関東軍による満洲全土の占領を経て、三三年五月三十一日の塘沽協定成立に至る、日本と中華民国との間の武力紛争。

▼輪王寺（りんのうじ）
　仙台市青葉区北山一丁目にある伊達家ゆかりの寺院。正式には曹洞宗金剛宝山輪王寺。庭園で有名。

▼ノモンハン事件
　一九三九年五月から九月にかけて満州国とモンゴル人民共和国の間の国境線を巡って起きた紛争。

翌十七年三月、今村は第十六軍司令官となり、仙台第二師団四万の兵を率いてオランダ領東インド（現在のインドネシア）を攻略し、オランダ、アメリカ、イギリス、オーストラリア合わせて八万兵が守る最大の難関と見られていたジャワ島を、激戦の末わずか九日間で降伏させた。独立運動の指導者スカルノ（初代インドネシア共和国大統領）を解放して手厚く援助し、長くオランダの植民地であった当地の民族独立を約束する政策を取った。各所に学校を作るなど現地の人々のことを第一に考えた軍政のお陰で、ジャワ人は親日的になり、平穏を取り戻した。従軍記者《じゅうぐんきしゃ》だった大宅壮一《おおやそういち》は「これが本当の大東亜共栄圏か」と今村軍政を絶賛《ぜっさん》している。

同年五月、日本軍はアメリカとオーストラリアの補給路分断のため、南太平洋のソロモン諸島にあるガダルカナル島に飛行場の建設を始めた。だが八月七日、米軍の海兵師団一万一千兵が日本軍の不意を突いて島に上陸し、占領した。十一月、大本営はガダルカナル島奪還《だっかん》のため、今村均中将を第八方面軍司令官としてラバウルに送ることにした。

その際、天皇陛下から今村に呼び出しがあり、「南方で兵隊が非常に苦労している。この兵隊を助けてやってくれ」とお言葉があった。二十日着任、翌日連合

▼南寧（なんねい）
中華人民共和国南部、ベトナムに近い広西チワン族自治区の首府。

▼蒋介石（しょうかいせき）（一八八七～一九七五）
中国の政治家。中華民国総統。日本に留学し、軍事を学ぶ。辛亥革命に参加。国民革命軍を養成して北伐に成功。後反共独裁化、国民党政府最高指導者として抗日戦争を遂行した。第二次大戦後、国共内戦に敗れて台湾に逃れ、反共復国を呼号し続けた。

▼対日石油禁輸措置（たいにちせきゆきんゆそち）
一九三〇年代後半から海外に進出する日本に対抗して行なわれた石油や屑鉄など戦略物資の輸出規制・禁止による米・英・蘭・中の各国による経済的な対日包囲網の一つ。各国の頭文字を取って「ABCD包囲網」ともいう。

▼真珠湾攻撃（しんじゅわんこうげき）
昭和十六年（1941）十二月八日早朝、ハワイ・オアフ島のパールハーバー（真珠湾）にある米軍基地を日本海軍の航空機が奇襲攻撃し、日本が米国に宣戦布告、これが太平洋戦争の発端となった。

艦隊基地トラック島の戦艦大和《せんかんやまと》艦上で司令長官山本五十六《やまもといそろく》大将に迎えられた。

二人は士官時代からトランプ・ブリッジの常連で、それぞれの家庭を持ち回りするほどの仲であった。艦上での会食後、今村は長官室に誘われ、「ガダルカナル島奪還作戦には、航空戦力があまりに不足している。輸送船が到着できず、補給を引き受けている海軍として責任を感じている。率直に言って戦局は難戦の域に入っている」と話した。

一万人以上の将兵を救出

ガダルカナルの戦局で第二師団（仙台）は、奮戦しながらも多くの戦死者を出し、そのほとんどは宮城県出身者であった。米軍によって補給を絶たれ、一万五千の将兵が餓死《がし》。残る将兵も飢餓《きが》状態であった。今村は米軍と戦うよりも、孤立した兵士を飢えから救い、無駄死《むだじ》にさせない方針に転換した。

昭和十八年（１９４３）一月、大本営《だいほんえい》は戦局の悪化により、今村と連合艦隊山本長官にガダルカナルからの撤退命令を下した。だが、米軍大艦隊に制空権、制海権を奪われているガダルカナル島から、一万六百余の陸海軍将兵を後方に撤退

▼スカルノ（一九〇一～一九七〇）
インドネシアの植民地時代（オランダ領東インド時代）から民族主義運動、独立運動において大きな足跡を残した国民的政治家。今もなお「国民の父」と呼ばれ、幅広く尊敬されている。

▼大東亜共栄圏（だいとうあきょうえいけん）
日本が東南アジア地域を軍事占領する際、それを合理化するために唱えたスローガン。

▼ソロモン諸島
南太平洋にある数百の島で構成する国。

▼ガダルカナル島
ソロモン諸島最大の島で同国の首都ホニアラがある。第二次世界大戦の激戦地。日本軍部隊の多くが補給路を絶たれ、多数の餓死者を出した。

▼戦艦大和（せんかんやまと）
大日本帝国海軍が建造した戦艦で、建造当初は武蔵と共に世界最大級の戦艦だった。広島県呉で建造された。昭和二十年四月七日、鹿児島沖の太平洋で米軍の攻撃により沈没。

させるのは至難《しなん》の業《わざ》であった。それを今村は周到《しゅうとう》な準備をし、駆逐艦《くちくかん》二十隻で三回にわたって全員をラバウルに輸送するという奇跡的な救出劇を成功させた。さらに、今村は最南端の基地ラバウルを守る陸海兵約十万人を、農作業、塹壕《ざんごう》掘り、警戒作戦に充てるという態勢を取り、米軍との戦闘に備えた。

兵士たちは、島の土地およそ七千町歩を開墾《かいこん》してコメを作り、食糧を自給できるように務めた。さらに地下要塞《ようさい》は東京〜名古屋間に匹敵する規模に達した。ラバウルは何年でも敵の上陸を破砕できるほどの陣営を築いた。

四月十七日、今村は山本五十六長官から夕食に招かれた。山本は「僕は明日でインドに飛び、第一航空部隊を慰労《いろう》方々激励してくるつもりだ」と言った。

翌日、今村は衝撃的な知らせを受ける。「山本長官機、撃墜される」との報告であった。今村は泣いて悲しみ、後に「あれはわが祖国のため、取り返しのつかない不幸だった」と嘆いている。

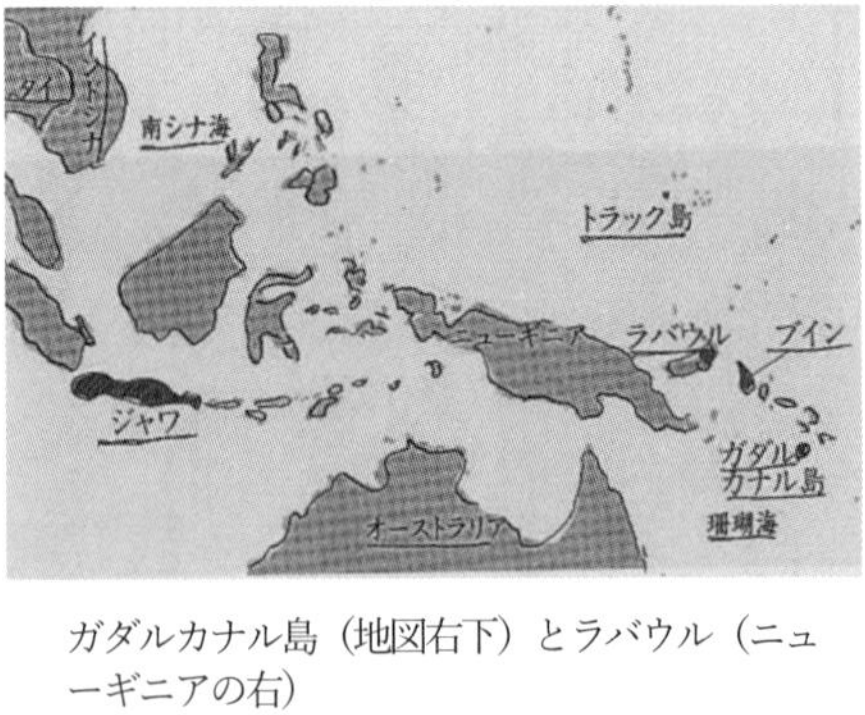

ガダルカナル島（地図右下）とラバウル（ニューギニアの右）

▼山本五十六（やまもと・いそろく）（一八八四〜一九四三）
軍人。新潟県生まれ。海軍大将・元帥。太平洋戦争に連合艦隊司令官として真珠湾攻撃などに成功したが、前線作戦司令中、ソロモン諸島ブーゲンヴィル島付近で搭乗機が撃墜されて戦死した。

▼餓死（がし）
食べるものがなく、飢えて死ぬこと。飢え死に。

▼ラバウル
パプアニューギニアの東方沖にあるニューブリテン島にある町。一九四二年一月二十三日にオーストラリア軍とイギリス軍と戦った末に日本軍が占領し、同年十一月二十日着任した今村均陸軍大将などの指揮によって、東南方面への一大拠点が築かれた。

▼山本長官機の撃墜
一九四三年四月十八日、連合艦隊司令長官山本五十六大将が、前線視察中、暗号を解読して待ち受けていた米軍機に搭乗機を撃墜され戦死した。

6 菅原 通敬（すがわら・みちよし）

戊辰戦争後、大蔵次官・貴族院議員に

菅原　通敬

菅原通敬（すがわら・みちよし）は、宮城県栗原郡一迫（現・栗原市）で、明治二年（1869）、菅原通貫《みちたか》の長男として生まれる。昭和二十一年（1946）十二月、栗原郡姫松村で逝去。従二位を序し、祭祀料《さいしりょう》を下賜《かし》された。享年七十八歳。

戊辰戦争《ぼしんせんそう》の敗戦による禄制《ろくせい》改革で、致命的な打撃を受けた一家は貧窮《ひんきゅう》を極め、小学校に入学するまで本を読む間もなかったが、努力して仙台の宮城中学校（明治期に存在した県立校）、仙台第一高等学校で学び、東京帝国大学法科を卒業した。二十八歳で大蔵省主税局に入り、以来横浜、沖縄、熊本、函館、神戸で税務を担当し、日露戦争時は内務税務課長となり、主税局長などを歴任した。

▼祭祀料（さいしりょう）

主に神式の祭典や儀式で用いられる用語で、「祭祀いただいたお礼に代えて」という意味合いがある。仏式でいうお布施に相当し、神道においては通夜祭、葬場祭、霊祭の際、神社や神官に対して祭祀祈祷の謝礼として支払う。

▼下賜（かし）

身分の高い人から下さること。

▼禄制（ろくせい）

禄とは、仕官している者に対し、その生活の資として給与された金銭・物資あるいはその代替のものに当たり、改革によってその仕組みを変えること。

▼日露戦争（にちろせんそう）

明治三十七年（1904）二月から翌三十八年九月にかけて、大日本帝国と、南下政策を行なうロシア帝国との間で行われた戦争。

第一次世界大戦中の大正四年（１９１５）七月、大隈重信《おおくましげのぶ》内閣の大蔵次官として活躍し、近代税制の確立に貢献した。翌年一月の内閣辞職に伴い退官し、近代行政の権威として貴族院議員《きぞくいんぎいん》に勅撰《ちょくせん》される。

通敬は、朝敵《ちょうてき》と呼ばれた東北の名誉回復と地域振興、それと郷党《きょうとう》を育てることに力を入れ、仙台育英会の結成に尽力して無利子貸還制度を定めた。大正二年（１９１３）、宮城県殖産振興を目的に設立された旭紡織株式会社の社長に就任した。工場は仙台市長町八本松（現在の太白区）にあり、紡機三万錘、織機千台、従業員千三百人を数えた。

昭和二年（１９２７）五月、通敬の発案で、東北出身者による東北振興会を設立して会長に推《お》された。東北の「開拓」と「振興」へと方向を付けて、自ら先頭に立って東北名産品陳列会、農村工業品展覧会、東北産業視察団、東北雪害調査会などを立ち上げた。渋沢栄一《しぶさわえいいち》の応援も得て、自力更生による東北六県振興のために捨て石的な活動を続けた。

同九年（１９３４）、政府は東北地方の窮乏対策として、官製の東北振興調査

▼大隈重信（おおくま・しげのぶ）（一八三八～一九二二）
佐賀藩士。伯爵。維新政府の要職を歴任。「明治十四年の政変」で下野。立憲改進党を結成。明治三十一年の政党内閣で首相。東京専門学校（現在の早稲田大学）を設立した。

▼貴族院議員（きぞくいんぎいん）
衆議院と並んで、大日本帝国憲法下で議会を構成した機関。最初は皇族議員、華族議員、勅撰議員を構成議員として発足し、明治二十二年になって貴族院令により、この名称に定められた。

▼勅撰（ちょくせん）
天皇・上皇の命によって詩文を選び、書物を編さんすること。

▼渋沢栄一（しぶさわ・えいいち）（一八四〇～一九三一）
実業家。埼玉県深谷の豪農の家に生まれる。幕府に仕えた後、維新後は大蔵省に出仕。その後は第一国立銀行のほか、製紙・紡績・鉱業・運輸・鉄道など数多くの企業の設立と経営に関わった。財界の大御所として活躍、引退後も社会福祉事業や教育に尽力した。

会を設立した。委員に就いた通敬は、東北振興の根本的な解決を政府に激しく迫って、産業振興・交通整備など多岐に亘る推進を計り、これにより東北開発株式会社、東北振興電力、東北金属工業などが誕生した。戊辰戦争以来、実に六十六年後にして、東北に工業振興の資金が初めて投入されることになった。

東北の「開拓」「振興」に尽力《じんりょく》

大正十四年（1925）には満鉄《まんてつ》と並ぶ二大同系会社、東洋殖産株式会社の総裁を委嘱され、会社の根本的な改革を断行し、その使命を果たすべく傾注した。晩年は枢密院顧問官《すうみついんこもん》として天皇の補佐という重責を担った。

昭和三年（1928）七月、伊達家男爵の嘆願書《たんがんしょ》を提出するなど、その生涯を通して同家と郷里東北のために全力を尽くした。『菅原通敬傳』は、通敬が昭和十八年の刊行を目標として昼夜を問わずに執筆に取り組んでいたが、予定が遅れていたところに、太平洋戦争末期の仙台大空襲によって原稿が焼失してし

▼満鉄（まんてつ）
株式会社南満州鉄道の略称。日露戦争後から第二次世界大戦終了時まで日本の経営下にあった。日本による満州支配の動脈となった国策的鉄道会社。政府によって最高人事権と広範な監督権を握る一方で、手厚い保護が与えられた。初代総裁は岩手県水沢出身の後藤新平が就任した。

▼枢密院（すうみついん）
明治二十一年（1888）、宮中に創設された天皇の最高顧問府で、大日本国憲法、皇室典範をはじめとする立憲政治の基本法令の審議を行なった。ただ、実際には「憲法番人」として政党内閣に対する牽制（けんせい）機関となった。

▼嘆願書（たんがんしょ）
事情を述べて願う内容を書いた書類。

▼仙台大空襲（せんだいだいくうしゅう）
昭和二十年（1945）七月十日、米軍による空襲で、仙台市中心部が壊滅的被害を受けた。国宝の仙台城大手門や瑞鳳殿なども焼失。

まい、日の目を見ることがなかった。だが、菅原通正ら五人の孫たちが協力し合って、平成五年（１９９３）全三巻を刊行し、約半世紀ぶりに祖父の遺志を継いだ。菅原家に伝えられてきた多くの古文書は、太平洋戦争中に大半を焼失したが、分家に当たる小高家が千葉県文書館に寄贈した五百二点の菅原家伝来の文書が残されている。

家祖と父・通實

通敬《みちよし》の父・通實《みちちか》（１８４２～１９２５）は、栗原郡一迫の生まれで、明治維新時は二十七歳。肝入《きもいり》の家柄であった。西洋流砲術指南の後、出入司支配番外士《ばんがいし》。祖の菅原長顕は、奥州菅原の宗家《そうけ》とされる。天文《てんもん》十年（１５４１）、一迫荘北澤邑町内館の〝二の丸址〟に居を構えた。

菅原三右衛門は、村人のために一迫川左岸水田の灌漑《かんがい》用水として鹿島堰《かしまぜき》造りに取り組み、測量及び設計は川村孫兵衛《かわむらまごべい》が担当した。工事は着工から七年後の

▼肝入（きもいり）
村方の役人。年貢や諸上納、戸籍、土木、その他の村政を司（つかさど）った役柄。有力な百姓の中から選ばれ、任命された。

▼番外士（ばんがいし）
大番組に編入されない平士。各組士の支配に属さなければならなかった。出入司の管理下にある。金上侍（かねあげざむらい）が入る。

▼宗家（そうけ）
ある一族や一門において、正嫡（嫡流）の家系。またその家系の当主。本家。

▼灌漑（かんがい）
農作物に必要な水を耕地に供給することをいう。日本では稲作の導入直後から乾田における灌漑が実施されていた。近年は治水事業の進展や取水口・用水路の工法の近代化が進んでいる。

▼川村孫兵衛（かわむら・まごべい）
（一五七五～一六四八）
長州藩の毛利家に仕えていたが、関ケ原合戦後、浪人となっていたのを伊達政宗に見出されて伊達家の家

延宝《えんぽう》元年（1673）に竣工《しゅんこう》した。この用水は現在も多くの田畑を潤している。菅原家は大肝入を八代、二百四十二年間に亘《わた》って務め、村の発展のために尽くした。その功績により通實《みちたか》の時に藩士《はんし》に列せられ、藩より家禄《かろく》を賜《たまわ》った。

通實は五歳の時に父を失い、母・姉妹と共に祖父に養われ、母の手で育てられた。幼くして「四書五経《ししょごきょう》」を読破し、十四歳の時に仙台に出て藩校の養賢堂で学んだ。さらに兵法や武芸も修めた。特に兵法、槍術、馬術は指南免状を受ける程になり、藩主御覧の御前試合で七回とも全勝し、竹に雀の帷子《かたびら》を拝領した。二十六歳で大槻十良太夫の門に入り、西洋流砲術を学ぶ。慶応《けいおう》四年（1867）二月、戊辰戦争で西洋流砲術の指南役を命じられ、仙台城二の丸広庭で士卒《しそつ》の訓練を重ねた。

明治七年（1874）、北澤村の百姓の傍ら村長となり、築館税務署長、本吉郡長、玉造郡長と三十年も官職を務め、殊に部下の育成には力を入れた。その結果、数多くの優秀な官吏《かんり》を輩出した。

臣となる。高い土木技術を持ち、北上川改修で知られる。

▼藩士（はんし）
藩に所属する武士のことで、江戸時代の大名の家臣や藩臣を指す。

▼家禄（かろく）
家料ともいう。江戸幕府では旗本・御家人に、また大名では家臣に与えた世襲制の禄米（ろくまい）。今でいう給料に当たる。明治政府が、明治二年に武士階級の旧身分を「華族」「士族」「卒」の三つに分け、家格によって与えた俸禄が、明治九年の全禄公債支給によって家禄制度は廃止された。

▼四書五経（ししょごきょう）
「四書」は『礼記』の中の大学・中康の二編と論語・孟子の総称。朱子学が尊崇、以後五経とともに儒学の枢要の書となった。『五経』は儒教で尊重される五種の経典。すなわち、易・書・詩・礼（らい）・春秋。

▼帷子（かたびら）
裏地をつなげない衣服。一重もの。暑衣。

▼士卒（しそつ）
武士（士官）と兵卒。兵士。軍兵。

▼仙台育英会（せんだいいくえいかい）
財団法人仙台育英会は、一九一五年設立され　寄宿舎五城寮を巣鴨に開設し多くの人材を輩出した。寮は一九四五年戦災で焼失したが、一九五一年仙台に縁のあるこの地仙台藩下屋敷跡を東京都から借り受け五城寮を再建し、初代舎監として仙台市出身の山梨勝之進元海軍大将学習院長を迎えた。

▼藍綬褒章（らんじゅほうしょう）
国の栄典の一つで、主に民間人の善行に対して授与される。国の功労者に対する附属的（勲章）役割を果たしている。藍綬は公衆の利益、または公共事業に貢献した人に対して与えられる。褒章は六種類となっている。

左から後藤新平、斎藤実、伊達邦宗、菅原通敬、高橋是清（東京・青山）

人材育成の「寺子屋天神」と「一地一職三十年」

話を通敬に戻そう。仙台育成会の結成など、菅原通敬の力で教育を受けることが出来た人材は、延べ数百人にも達し、「寺子屋天神」と称されたという（大正十四年八月三十一日「河北新報」より）。部下の才能を見出し、適材適所に力を注いだ父・通實の遺志《いし》を見事なまでに受け継いだ結果であった。

通敬が残した業績の中でも、特に評価が高く、現代にまで受け継がれているものに、税務署業務の「一地一職三十年」がある。これは他に例がなかった。

このように、通敬は在官中から在官中から産業の開発に貢献し、農業、林業、蚕業、道路・河川事業、教育と奨励指導を行い、多くの実績を残した。

大正十四年（1925）、地方産業開発の多大なる貢献が認められ、藍綬褒章《らんじゅほうしょう》を賜《たまわ》った。（『一迫町史』菅原通敬傳　参照）

7 本多 光太郎（ほんだ・こうたろう）

世界初のKS鋼（磁石鋼《じしゃくこう》）発明

本多　光太郎

本多光太郎（ほんだ・こうたろう）は、明治三年（1870）、三河《みかわ》国碧海《へきかい》郡新堀《にいぼり》村（現在の愛知県岡崎《おかざき》市）に生まれた。昭和二十九年（1954）逝去《せいきょ》、享年《きょうねん》八十四歳。

光太郎は、明治三十年（1897）に東京帝国大学理科大学物理学科を卒業後、同四十年（1907）からドイツなどに留学《りゅうがく》。帰国後の同四十四年（1911）には、東北帝国大学理科大学開設とともに、物理学科教授となって仙台に赴任《ふにん》。昭和六年（1931）から同十五年（1940）まで、同大学総長を務めた。

光太郎は、鉄鋼および鉄合金の物理冶金《やきん》学的研究を行ない、大正五年（1916）には、高木弘《たかぎひろし》とともにコバルトやタングステンなどと鉄の合金である磁石

▼KS鋼（ケーエスこう）
東北大学の本多光太郎らが発明した磁石鋼の一種で、航空機などに使用される。

▼磁石鋼（じしゃくこう）
永久磁石に用いられる特殊鋼。KS鋼・新KS鋼・MK鋼などがある。スピーカー・電気計器・継電器・発電機などに広く使われる。

▼冶金（やきん）
鉱石から含有金属を分離・精製する技術。広義には、取り出した金属を材料にして加工する技術も含む。

▼高木弘（たかぎ・ひろむ）（一八八六～一九六七）
神戸一中、七高から東京帝国大学理学部を経て東北帝国大学大学院に進み磁石鋼などの特殊鋼の研究を行った。

鋼（KS磁石鋼）を発明した。

　このKS磁石鋼は当時、世界最強の永久磁石と言われ、国際的な注目を集めた。昭和八年（1933）には、増本量《ますもとはかる》らとともに、さらに強力な新KS鋼を発明し、同十二年（1937）に制定された「文化勲章」の第一回受章者の一人となった。また、同二十四年（1949）には「仙台市名誉市民」の称号を贈られた。

（「仙台市史」現代2　参照）

「志を持つことが大切！」兄の言葉に奮起

　光太郎は小学校の頃は、学校に行って勉強するより、途中にある川で水遊びをし、魚を獲ることに夢中《むちゅう》だった。しかし、兄の浅治郎《あさじろう》と、通っていた私塾の寺田松次郎先生の言葉《ことば》が、光太郎の一生を大きく変えることになる。

　兄の浅次郎は秀才で、一生懸命《いっしょうけんめい》勉強に励み、東京帝国《ていこく》大学へ入学を果たす。

「何も考えずに、ただ何となく一生を過《す》ごすことはもったいない」

「志《こころざし》を持つことが大切だ」

▼増本量（ますもと・はかる）（一八九五～一九六七）
　日本の金属物理学者。東北大学名誉教授。日本金属学会会長。広島県安芸郡矢賀村（現：広島市東区矢賀）出身。

▼文化勲章（ぶんかくんしょう）
　科学技術や芸術などの文化の発展や向上にめざましい功績を挙げた者に授与される、階級の無い単一級の勲章。当時の内閣総理大臣・廣田弘毅の発案により、昭和十二年（1937）の文化勲章令（昭和十二年二月十一日勅令第九号）により制定された。第一回の受章者は、本多光太郎（金属物理学）の他、長岡半太郎（物理学）、木村栄（地球物理学）、幸田露伴（小説）、横山大観（日本画）ら九人。

▼仙台市名誉市民（せんだいしめいよしみん）
　昭和二十四年（1949）に仙台市名誉市民条例を制定し、同年、本多光太郎、志賀潔、土井林吉（晩翠）の三氏に名誉市民の称号が贈られた。その後は、計十二回にわたり二十二氏に称号が贈られている。

▼志（こころざし）
心のめざすところ。「志望」「意志」、思いやる気持ち。「寸志」「篤志」など。

▼私塾（しじゅく）
私設の教育機関。私学の一種。中国起源の用語で、近代以前の中国・韓国・日本等の漢字・儒教文化圏において普及した。

▼秀才（しゅうさい）
通常の人間より秀でた才能を持っている人物や、他人よりも才能が秀でている人物の呼称。

実験室の本多光太郎（公益財団法人・本多記念会蔵）

浅次郎は、光太郎によくこう言った。そんな兄の言葉は、光太郎に多大な影響を与えた。また、小学校の教師で、夜は志《こころざし》のある若者を私塾《しじゅく》に集めて勉強を教えていた寺田先生は、光太郎にこんな言葉をかけた。

「あなたは、勉強とは何かを真剣《しんけん》に考えたことはありますか？　勉強とは字の通り、勉《つと》め、強《し》いること、すなわち、あまり好きでないことでも一生懸命《いっしょうけんめい》に努力することが勉強するということなのです。勉強が苦手な人には、努力をする必要があります。苦手なことでも他人よりたくさんの努力をすれば、できるようになるのです」

「光太郎君は決して秀才《しゅうさい》ではないが、苦しい農作業で鍛えた強い意志《いし》と立派《りっぱ》な体を持っています。将来を切り拓《ひら》いていくために大切な三つの力のうち、二つの力は、人に負けないだけのものが既に身についているのです。あとは勉強だけです」

光太郎は、胸《むね》が熱《あつ》くなるのを感じた。これ以降、「東京に出て勉強したい」という強い思いを抱くようになった。

ドイツ留学、東北帝大教授に

兄の応援をもらい、何とか家族の反対を押し切って上京したのは、光太郎が十七歳の春のことだった。先に上京していた兄のもとで暮らすという夢がとうとう叶《かな》った。光太郎は秀才と言われた兄とは違《ちが》い、勉強が得意ではなかった。だからこそ、人の何倍も努力することを心に決めた。必死で勉強し、二十四歳の時、兄と同じ東京帝国大学（現東京大学）の物理学科に入学を果たした。

　東京帝国大学に入学すると、光太郎は、まるでこの世のありとあらゆるものを解き明かすような勢いで実験に取り組んだ。実験機器がなければ自分で作り、決して手抜きや近道《ちかみち》をしようとはしなかった。どんなに時間がかかっても、光太郎はそれを面倒だとか損だとかは思っていなかった。

　そんな光太郎は、いつしか周囲の仲間から「実験の鬼《おに》」と呼ばれるようになっていた。

　大学卒業後、三年間ドイツに留学《りゅうがく》し、物理学において世界から認《みと》められるようになった光太郎は、四十一歳で東北帝国大学理科大学の教授に任命《にんめい》される。

▼東京帝国大学（とうきょうていこくだいがく）

現在の東京大学。明治時代から昭和時代の戦前にかけて、内地に七校（東京、京都、東北、九州、北海道、大阪、名古屋）、外地に二校（京城、台北）の計九校が設置されたうちの一つ。第二次世界大戦後、内地の帝大は昭和二十二年（１９４７）十月より国立総合大学に改められ、続く学制改革で同二十四年（１９４９）より新制国立大学へ移行。平成十六年（２００４）四月には、国立大学法人の設置する大学に移行した

▼鬼（おに）

日本語では逞しい妖怪のイメージから「強い」「悪い」「怖い」「大きな」「物凄い」といった意味の冠詞として使われる場合もある。「〜の鬼」といった用法も見られる。

▼東北帝国大学（とうほくていこくだいがく）

現在の東北大学。国内で三番目の帝国大学として明治四十年（１９０７）仙台に創設された。明治四十四年（１９１１）に開学した東北帝国大学理科大学を源流とする。

▼炉（ろ）
金属の溶解や食品の加工製造など火を使用する設備の総称。
▼消防服（しょうぼうふく）
防火服のこと。主に消防士や火山学者を極度の高温から保護するために設計されたスーツ。一九三〇年代に最初に登場し、安全性が高いとして使われるようになった。もともとアスベスト（石綿）の生地で作られていたが、今では真空蒸着されたアルミニウム材料が用いられている。

本多光太郎博士在職25周年を記念して昭和16年に建設された「本多記念館」（仙台市青葉区片平）

緑豊《ゆた》かで空気が澄《す》んでいる美しい街・杜《もり》の都《みやこ》仙台。この街が、光太郎にとって第二の故郷《ふるさと》となる。

大正五年（1916）、世界は第一次世界大戦の真っただ中だった。外国からの物品の輸入が難しくなり、日常使いの生活用品ばかりでなく、それまで輸入に頼っていた産業用の部品などは、ほとんど国内で調達《ちょうたつ》しなければならなくなった。戦争のために鉄《てつ》の需要が大幅に増え、大学で鉄の研究をしていた光太郎たちの元には、数多くの質問や注文が舞い込んできた。

さらに、航空機の部品に必要な強力な磁石鋼《じしゃくこう》を新たに製造して欲しい旨《むね》の依頼が、軍部から舞い込んだ。強力な磁石鋼を作るためには、鉄やコバルトなどの金属の組み合わせや、それぞれの金属の配合を考えなければならない。その組み合わせは、何百万通りにも及ぶ。すべての組み合わせを試《ため》していたのでは何十年かかるかわからない。

しかし、光太郎はここで、それまで積み重ねてきた実験で得た知識が役に立つのではないか、とひらめいた。それまで使っていたタングステン磁石鋼の配合を参考にして、ある程度配合を絞ることが出来ると考えたのである。あとは、実際にその組み合わせで試作《しさく》してみるだけだった。

世界最優秀の磁石鋼（KS鋼）誕生

光太郎たちは、狭《せま》い実験室にこもり、炉《ろ》の温度を千百度、千五百度と順に上げていき、実験を重ねた。余《あま》りの暑さに全身から汗が吹き出し、拭《ふ》いても拭いても滴《したた》り落ちた。

「これはたまらない。裸《はだか》になっても暑い！」

「そうだ。消防服《しょうぼうふく》を借りて着てみたらいいのではないか」

こうして、光太郎たちは消防服を手に入れ、水をかけながら連日連夜《れんじつれんや》、実験に取り組んだ。

ある日、珍しく風邪《かぜ》をひき、熱《ねつ》が続いたために自宅で臥《ふ》せっていた光太郎の元に、共同研究の仲間である高木が、試作品の磁石鋼を持って駆けつけて来た。

「やっと出来たかもしれない」

▼杜の都（もりのみやこ）

今から約四百年前の江戸時代、仙台藩祖伊達政宗公が、家臣たちに屋敷内には飢餓に備えて、栗・梅・柿などの実のなる木や竹を、また隣との境に杉を植えるように奨めた。こうしてできた屋敷林とお寺や神社の林、そして広瀬川の河畔や青葉山の緑が一体となって仙台は、まち全体が緑に包まれていた。この「まち全体が緑に包まれる姿」は、明治四十二年には「森の都」として仙台の観光案内書に記されている。また、昭和に入って間もない頃には、「杜の都」と表されるようになったと言われ、この姿は、昭和二十年の仙台空襲前まで残っていた。（仙台市ホームページより抜粋）

▼コバルト

原子番号27の元素である。元素記号はCo。純粋なものは銀白色の金属。

▼タングステン

金属元素の一つ。元素記号W。きわめて硬く、タングステン鋼や電球のフィラメントなどに使われる。

▼住友吉左エ門（すみとも・きちざえもん）

住友財閥の創業家・住友家が三代目から代々、襲名した名前。名乗り始めた三代目以降、十四代目と十七代目以外は名前に「友」の字を持つ者が襲名している。本多らが発明したKS鋼の特許は、資金を提供した住友吉左衛門（第十五代当主）に無償で譲渡された。これをもとに住友は英・米・独・仏・伊の特許を請求し独シーメンス社、米ウェスティングハウス社が採用するに至り、その特許料を得た住友は、東北帝国大学に三十万円（当時の金額）を寄贈した。十五代は本名が住友友純（すみとも・ともいと）（一八六五〜一九二六）といい、茶人、風流人としても有名で、号を春翠と称す。

片平キャンパスの案内板

高木は、持参した試作品の磁石鋼を、一本、二本と机の上に丁寧《ていねい》に置いていった。その様子を光太郎は身を乗り出し、目を輝かせながら見つめた。

「クルッ、クルッ、カシャッ…」

両側の二本の磁石鋼が勢《いきお》いよく回転《かいてん》して真ん中の一本に吸《す》い付けられた。

「おおっ、これは強い」

当時における世界最優秀の磁石鋼誕生の瞬間《しゅんかん》だった。

光太郎は、この磁石鋼を「KS鋼《こう》」と名付けた。「KS」とは、光太郎たちの研究に資金を提供してくれた住友吉左エ門《すみともきちざえもん》のイニシャルであった。

「世界の本多光太郎」として有名に

光太郎が住友吉左エ門への感謝の込めて名付けた「KS鋼」は、当時使われていた磁石鋼の四倍の強さがあった。

「実験を続けよう。もっと強い磁石が出来るかもしれない」

光太郎と高木は、夜がふけるまで熱く語り合ったのだった。

▼金研（きんけん）

東北大学金属材料研究所の略。東北大学の附置研究所で、広範な物質・材料の研究により、社会に役立つ素材を創出することを目的としている研究所である。理学と工学を連携・融合し材料科学の基礎から応用にわたる研究教育活動を展開している。東北大学で最初に設立された研究所で、全国の国立大学附置研究所の中でも最も長い歴史を持つ研究所の一つ。

本多記念館に隣接する東北大学金属材料研究所
（仙台市青葉区片平）

二人は、その後も実験と研究を重ね、ＫＳ鋼を始めとした数多くの発明を成し遂げた。光太郎は、いつしか「世界の本多光太郎」として有名になっていった。日本人はもちろん、外国人も光太郎が「鉄」における世界で最も優秀な学者であると認め、光太郎を「鉄の神様」「鉄鋼の父」と呼ぶようになった。数多くの科学者たちが光太郎に指導を乞《こ》うようになり、宮城県仙台の地にある「東北大学金属材料研究所（通称・東北大金研《きんけん》）」を訪れるようになった。

光太郎は、八十四歳で亡《な》くなるまで、自分が学んだことや自然を解き明かす方法などを、惜しみなく多くの人たちに伝えた。その姿勢は、幼き日に兄と恩師から学んだことであるのは間違いない。

仙台を第二の故郷《ふるさと》とし、自らの「志」を果たした本多光太郎は、今でも世界中の人々から称えられている。仙台市青葉区の東北大学片平《かたひら》キャンパスにある「金研」には、光太郎の死から七十年近く経った今もなお、世界各国の研究者たちが訪れている。本多らの想いがここに受け継がれていると思うと、郷土の誇りとして末永く語り伝えたいと思うのである。

第二章　念ずれば華《はな》開く

仙台城跡から望む杜の都仙台

8　松良みつ（まつら・みつ）

自由と芸術　女性の幸せを求めた生涯

松良　みつ

仙台市にある名門私立校、常盤木《ときわぎ》学園高等女学校を創立した松良みつ（まつら・みつ）は、明治二十八年（1895）、亘理《わたり》の酒造蔵《しゅぞうぐら》であった武田家の四女として仙台で生まれた。みつは、東京の嘉悦《かえつ》学園（日本で最初の女子商業学校）を卒業後、数え十八歳の時に松良銀行頭取《とうどり》の松良善熈《よしひろ》と結婚。その後、私塾《しじゅく》を開くなど、新しい女子教育の理想に燃えていた。

夫の善熈は、松良銀行のオーナー頭取であった。世界的な恐慌《きょうこう》のあおりで不況が広がると、七十七銀行との合併話もあったが、銀行経営に見切りをつけて廃業した。夫妻には子どもがなく、善熈は病院か幼稚園の創設を考えていたが、みつ夫人の、大らかな心を持った社会に役立つ女性を育てたいという願いに次第に共感するようになる。

その後、東京の自由学園創立十周年記念の講演があり、みつは上京して出席

▼亘理（わたり）
宮城県南東部の仙台湾沿岸にある町。県沿岸最南端の山元町と共に亘理郡に属する。藩政時代には亘理伊達家の城下町として栄えた。人口は三万三千百七十二人（令和五年二月）

▼酒造蔵（しゅぞうぐら）
日本酒の醸造を行なうこと。その酒を貯蔵する蔵。

▼武田家（たけだけ）
慶長九年（1604）創業の宮城県最古の酒蔵。令和二年（2020）閉業。

▼松良銀行（まつらぎんこう）
明治三十三年（1900）年に設立された地方銀行。

▼頭取（とうどり）
銀行などの取締役の首席。首領。頭目。

した。そこで、進行はじめ会場の設営、運営、接待が大勢の生徒だけの手で見事に行なわれているのに大きな感銘《かんめい》を受ける。創立者・羽仁《はに》もと子に会ったみつは、その考えに共感し、さらに授業を参観したり、寄宿舎に泊まり込むなど、自由学園の教育を肌で体験した。このことが、「教育」のあり方について深く考える切っ掛けとなった。

自由学園の教育に感化されて学校設立を決意

みつは、窮屈《きゅうくつ》な勉強のみを第一とする女子校ではなく、自由で将来、社会で役立つ目覚めた家庭的な婦人を育てることを考え、姉のゆきに相談した。ゆきは、青山という地理学者に嫁いだが、夫を亡くして独り身となっていた。ゆきは、自分の全財産を投げ出して手伝おうと言ってくれた。学校創立の意志を固めたみつが、夫に相談したところ、子どもに対する愛に飢えていた善凞は、喜んでみつの考えに賛同し、豊富な資産を子どもたちの教育に投入して、その生涯をかけることになる。

昭和三年（１９２８）四月、常盤木《ときわぎ》学園高等学校が、県内六番目の私立女学

▼私塾（しじゅく）
主として江戸時代に設けられた教育の場のうち、寺子屋等より比較的高度な内容を教える私的な塾。儒学や国学、洋学、それ以外の武芸や技芸等を教授するなど、この時代の幅広い内容が取り上げられ、担い手も様々であった。

▼羽仁もと子（はに・もとこ）（一八七三〜一九五七）
教育家。青森県生まれ。日本最初の女性記者として報知新聞に勤務後、夫でジャーナリストの羽仁吉一（はに・よしかず）と共に『婦人之友』（当初は『家庭之友』）を創刊。大正十年（１９２１）、キリスト教精神（プロテスタント）に基づいた理想教育の実践を目的として、東京府北豊島郡高田町（現在の東京都豊島区西池袋二丁目）に「自由学園」設立した。昭和九年（１９３４）に校舎を東京府北多摩郡久留米町（現在の東久留米市）に移転し、現在に至る。自由・平等・自活の精神を重視し、文部省令によらない教育を実践している。

校として設立された。校名の「常盤木」とは、創立者の松良夫妻の姓である「松」にちなんだものであるが、開校当時は、東二番丁《ひがしにばんちょう》の小塚病院邸内に手を入れて仮校舎として使っていた。初代校長として、医学博士の佐藤幸三《さとうこうぞう》を迎え、家政専攻科（二年制・定員六十名）、高等女学校（四年制・定員四百名）を募集した。

この年の十二月に、仙台市元柳《もとやなぎ》町（現在の青葉区西公園付近）の広瀬川を望む景勝の地に本校舎が落成した。従来の学校建築の常識を打ち破った洋風の校舎は、仙台市民の目を奪い、市内観光バスのルートにも入るほどであった。

みつは、その深い愛情を、一人でも多くの子どもたちに注ぎたいという思いから、それまでの学校という型を脱した教育方針で、当時の日本に欠けていた芸術教育を重視した。人間の最高の権利と義務である「自由」と、最高の情操である「芸術」を創立の精神に掲げ、画一的な文教当局の方針を排して、生徒一人ひとりの個性と才能を伸ばすために、常盤木独自のまったく新しい教育を実施した。その一つが、三十教種の講座の中から自由に選択させる「フリーテイク」で、生徒は自分で選択した講座をそれぞれの教室で学んだ。主に東北大学の教授が講師であったので、教室内はあたかも国立大学の文学部の雰囲気が

▼東二番丁（ひがしにばんちょう）
仙台市青葉区の中心部を南北に貫く幹線道路。北は仙台三越前の定禅寺通り、南は東北学院大学五橋キャンパス前の愛宕上杉通りまでを結ぶ。歴史的には、伊達政宗の仙台城下建設時（慶長～元和年間）までさか上る街路。仙台は戦災で中心部が焦土と化したため、戦後の復興期に区画整理が行なわれ、道路の拡幅が進められた。東二番丁通りも、幅員が八メートルから五十メートルに拡幅された。当初は、南端が五橋中学校前までだったが、昭和五十年代に五橋中学校前から旧仙台市立病院（現在の東北学院大学五橋キャンパス）前までが延長された。

▼佐藤幸三（さとう・こうぞう）（一八八九～一九五九）
医学博士。仙台市八郷生まれ。旧仙台第二高等学校を経て、東京帝国大学医学部卒。二高時代にドイツ語教師のウィルヘルにフィギアスケートを習い、練習場所だった仙台城大手門前の五色沼は日本初のフィギアスケート発祥の地と言われる。昭和九年（1934）、東北帝国大学医学部・

山川内科講師となる。新設された常磐木学園高等女学校校長を兼任、女子教育に新風を送る。

▼フリーテイク

与えられた科目を学ぶのではなく、生徒個人個人が、自らの興味や関心に基づいて学ぶ教科を選ぶことが出来る制度。必修科目以外に自由選択をするケースが多い。

▼満州事変（まんしゅうじへん）

昭和六年（１９３１）九月十八日、中国東北部の奉天（今の瀋陽）北方にあった柳条湖の鉄道爆破事件を契機とする日本の中国東北部への侵略戦争。翌七年（１９３２）には満州国を樹立。日中戦争へ発展した。柳条湖事件。

▼仙台大空襲（せんだいだいくうしゅう）

昭和二十年（１９４５）七月十日未明、米軍の空爆機Ｂ２９が仙台を襲い、一万三千発の焼夷弾を投下して市街地中心部が壊滅状態となった。広瀬川を挟んだ川内地区も被害を受け、国宝だった仙台城大手門も焼失した。死者１３９９人、負傷者は１６８３人に上った。

あったという。時代は、満州事変《まんしゅうじへん》直前の緊迫した頃であった。自由を前面に打ち出した教育方針に対し、当局からこれ以上、勝手なことをすると閉校させると迫られた時代であった。そうした難しい時代背景の中でも、生徒たちは、伸び伸びと学んで個性を伸ばした。

みつの弟が校長に　校地がやっと決まる

しかし、昭和二十年（１９４５）七月十日の仙台大空襲により、常盤木学園のあった市内中心部は焼け野原となり、校舎や設備の一切が失われた。

戦後、仙台市の都市計画により、常盤木学園の敷地は公園用地として半ば一方的に接収されてしまう。学園の復興を急ぐものの、接収による代替地は提供されず、県や市と不毛の交渉を続けなければならなかった。みつの心には、一生癒されることのない大きな傷が残った。こうした混乱の中でも時間は待ってはくれない。授業は近隣の尚絅《しょうけい》学院や国民学校など、市内を転々とし、東北一の富裕校とうたわれ、相当あった資産も、この二年余りの流浪と激しいインフレによって底をついてしまう。こうした苦難の時代、復興の構想もまとまらな

▼尚絅学院（しょうけいがくいん）
仙台市青葉区広瀬町にある私立中学校・高等学校（併設型中高一貫校）。キリスト教（プロテスタント）教育を行っており、尚絅学院大学（名取市）は系列校。明治二十三年（1890）、アメリカのバプテスト派の女性宣教師が、仙台市新坂通りに開いた家塾が始まり。

▼インフレ
インフレーションの略。通貨膨張のこと。

「自由と芸術」と記された常盤木学園発祥の地の記念碑（仙台市青葉区西公園）

いまま、学園長であったみつの夫、善熙が被災してからわずか四ヵ月後に、六十二歳の若さで急逝した。

みつがまず、助力を求めたのは、実弟の武田宣三《ぎぞう》だった。宣三は、武田家の十一人姉弟の末っ子として生まれ、東京の玉川学園《たまがわがくえん》や国立《くにたち》音楽大学の教授をしていたが、姉の苦境を見かねて大学を退職。松良家の養子となって家を継ぐ決断をした。

昭和二十一年（1946）二月、常盤木学園の校長に就任した宣三《ぎぞう》は、行政の怠慢《たいまん》によって校地が定まらないことに我慢がならず、もし廃校になったら七百人もの生徒の面倒を誰がみつのかと仙台市に再三にわたって抗議した。そして、翌年になってようやく現在の仙台市青葉区小田原四丁目に決まった。しかし、ようやく新しい校舎に移転できた後も苦難は続く。学校経営に必要な運営資金が足りず、幾度もの財政危機に陥って借金を重ねる経営が続いた。宣三校長は、着任の直後から融資を受けるための外回りに謀殺《ぼうさつ》された。職員や父兄、同窓生たちも一丸となって支援を続けた。そうした人々の協力が実を結んで、学園は校舎や講堂の新築が進み、ようやく復興への道筋が見えてきた。

松良　宣三

▼**玉川学園（たまがわがくえん）**
東京都町田市玉川学園にある学校法人。国際バカロレア認定校。小原國芳の『新しい日本を動かす力を、ここからつくるのだ』という夢からデザインした『理想の学校』の絵を基に、昭和四年（１９２９）に創立。現在は幼稚部・小学部・中学部・高等部・玉川大学がある。

▼**国立音楽大学（くにたちおんがくだいがく）**
東京都立川市に本部を置く日本の私立大学。１９２６年創立、１９５０年大学設置。大学の略称は国立音大、国音。音大としては名門校で、桐朋学園大学、武蔵野音楽大学と並び、日本の私立三大音楽大学とされる。

今に生きるみつ・宣三姉弟の理想

昭和二十三年（１９４８）、教育制度が変わって、中学校を併設して常盤木学園高等学校として発足。さらに洋裁学園を付設し、敷地を広げ、校舎も増築して校地六千坪（約二万平方㍍）の規模に拡大した。時代の要求に応じられるように、教育施設を整え、新しい教育に邁進した。園高等学校として発足。さらに洋裁学園を付設し、敷地を広げ、校舎も増築して校地六千坪（約二万平方㍍）の規模に拡大した。時代の要求に応じられるように、教育施設を整え、新しい教育に邁進した。宣三は創立の校風を伝承したキーマンであり、大功労者であった。

（「りらく」郷土の偉人㉚木村紀夫参照）参照）

現在の常盤木学園（カット・著者）

9　秀ノ山　雷五郎（ひでのやま・らいごろう）

小さな体で大横綱に

横綱秀ノ山雷五郎（ひでのやま・らいごろう）は、文化《ぶんか》五年（1808）、陸奥《むつ》国本吉《もとよし》郡最知川原《さいちかわら》（現在の宮城県気仙沼市）の百姓久吉の五男として生まれた。本名は辰五郎といい、幼い頃からその怪力《かいりき》ぶりで有名だった。大人の男たちでも五斗《ごと》俵《たわら》一俵《ぴょう》（七十五キログラム）をようやく担《かつ》ぐのに、辰五郎は両手に一俵ずつを易々《やすやす》と掲げて運んだと言われている。辰五郎はまた、その力自慢を生かし、「将来は相撲取りになりたい」という夢を持っていた。辰五郎には地元の草相撲《くさずもう》で大関をしていた自慢の兄がいた。辰五郎はそんな兄に強い憧《あこが》れを抱いていた。

辰五郎が十六歳の時、兄たちは本吉郡の力士《りきし》たちを引き連れ、気仙郡盛《さかり》（現在の岩手県大船渡市）の力士たちと勝負するため、遠征《えんせい》することになった。辰五

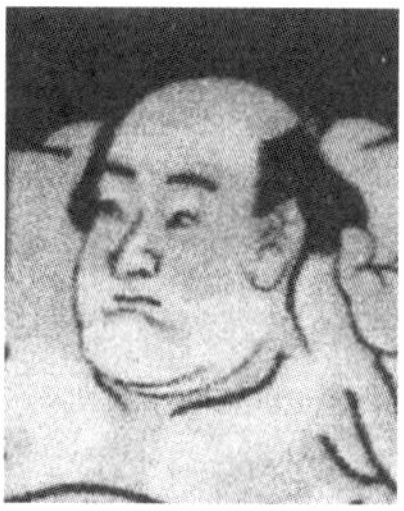

秀ノ山　雷五郎

▼気仙沼市（けせんぬまし）

宮城県沿岸部の最北部、太平洋に面した人口五万八千人（令和五年六月）の小都市。天然の良港を抱え、水産業が盛ん。一本釣りによる生鮮カツオの水揚げでは、二十六年連続で日本一だったが、二〇二二年に鹿児島市に日本一の座を奪われた。気仙沼大島、唐桑半島など風光明美な観光地があり、大島架橋や三陸自動車道の開通でアクセスが飛躍的に向上した。

▼五斗（ごと）

一斗は、十升に相当する。一升は一・五キログラムなので、一斗では十五キロ。五斗では七十五キロに当たる。

▼草相撲（くさずもう）

素人同士がとる相撲。

郎も相撲が取りたくて仕方がなかった。盛に着くと、相撲会場にはたくさんの人が集まっていた。辰五郎はその人たちに紛《まぎ》れながら兄たちの応援していた。ところが、どうした訳か、本吉の力士たちは目の前で次から次へと負けていくのである。ついには、辰五郎の自慢の兄さえも負けてしまった。

「世の中には、こんなにも強い力士がたくさんいるのか」

初めてそのことを知った辰五郎は、その悔《くや》しさよりも、驚きが忘れられなかった。そして、そのことが、「自分も強い相撲取りになりたい」という決心をさせたのだった。

江戸に出て相撲取りを目指す

「親方にお目通りを……。どうか私を弟子《でし》にして下さい。お願い申します」

江戸に出た辰五郎は、来る日も来る日も足を棒にして相撲部屋を訪ね歩き、頭を下げて弟子入りを志願《しがん》した。しかし、体が小さい上に、僅《わず》か十六、七歳の田舎から出て来たばかりの少年である。紹介してくれる知人もいない中で、入門を許してくれる相撲部屋などあるはずもなかった。やっとの思いで住み込みで働くこ

▼力士（りきし）
相撲を行う者のこと。厳密には、相撲部屋に所属して四股名を持ち、番付に関わらず大相撲に参加する選手の総称。今の力士は皆、日本相撲協会の専従職員という扱いになっている。

▼相撲部屋（すもうべや）
大相撲の協会員が所属する団体。およびその団体が生活の拠点とする施設。江戸時代に起源をもつ大相撲は、指導者である年寄（親方）と、力士（弟子）との間で疑似的な大家族制を持っており、その〝家族〟の生活の場として部屋が存在する。部屋では、相撲の稽古のみならず、年寄を中心とした共同生活を営んでいる。

▼住み込み（すみこみ）
雇用先が指定する寮や家、マンションなどに住み、そこから職場まで通う仕事のこと。家財道具を揃える必要が無いので、身軽なのがメリットだが、近年は「雇い止め」などで、仕事と同時に住まいを失うケースがあり、社会問題となっている。

横綱谷風（左）と小野川の立ち合い

▼足利市（あしかがし）

栃木県南西部にある市。旧足利郡と旧群馬県山田郡の一部から成る。地方拠点都市。古くは足利庄が栄えて清和源氏義家流・足利氏発祥の地としても知られ、フランシスコ・ザビエルが「坂東の大学」と呼び、ルイス・フロイスが日本全国で唯一の大学と記した「足利学校」がある。人口は十四万五千人。

▼油絞め（あぶらしめ）

蒸した菜種や胡麻を樽製の絞り器に入れて上から圧力をかけて種子に含まれる油を絞り出すこと。

とが許された相撲部屋では、稽古《けいこ》どころか炊事などの雑用ばかり言いつけられ、すぐにお払い箱になってしまった。

江戸時代のこととは言え、力士は身長が二㍍ほどもあるような大男揃《おおおとこぞろ》いで、怪力《かいりき》の持ち主ばかりである。それに比べて辰五郎は身長一六四㌢。体が小さく体重も軽い小兵《こひょう》である。誰が見ても力士には不向きな体格だった。

希望を失った辰五郎は、二年間もの間、いろいろな土地をさすらった末に、身も心もボロボロになって八木宿《やぎしゅく》（現在の栃木県足利市《あしかがし》）にあった油問屋《あぶらとんや》の前にたどり着いた。

「お願い申し上げます。どうか私をここで働かせて下さい。何日も飯を食っていないのです」

空腹に耐えかねた辰五郎は、なりふり構わず、油屋の主人高木源之丞に頭を下げた。源之丞は、辰五郎を一目見て、その丈夫そうな体つきと力のありそうな姿に「これは油絞《あぶらし》めの仕事にうってつけの男だ」と思った。そして、辰五郎を雇《やと》い入れることにした。見ず知らずの自分を迎え入れてくれた源之丞に対し、

横綱・秀ノ山雷五郎の肖像

▼**健気（けなげ）**
殊勝なさま。心がけがよく、しっかりしているさま。特に、年少者や力の弱い者が困難なことに立ち向かっていくさま
▼**奔走（ほんそう）**
かけ回って、物事がうまく運ぶように努力すること。
▼**寸暇（すんか）**
ほんの少しの空き時間。「寸暇を惜しんで……」などと用いる。
▼**四股名（しこな）**
相撲の力士の名前。

辰五郎は、古里を離れて初めて人の心の温かさに触れた思いだった。自分を認めてもらった瞬間でもあった。

辰五郎は、どんな苦しい力仕事でも黙々と働いた。相撲取りへの思いは、心の奥底へそっとしまった。だが、そんな辰五郎の健気《けなげ》な姿は、いつしか源之丞の目に留《と》まるようになった。

生涯の恩人、高木源之丞の奔走

ある日、辰五郎は源之丞に呼ばれて部屋に行った。

「辰五郎や。お前は本当に一生懸命働いている。ありがとう。ところで、お前は将来、どんなことをしたいのだ？　このまま油絞《あぶらし》めをしていていいのか」

辰五郎は、胸に秘めていた相撲取りへの思いを、涙ながらに源之丞の前で打ち明けた。寸暇《すんか》を惜しんで油絞りの仕事に打ち込む辰五郎の姿と、初めて知った相撲取りへの情熱……。そのひたむきな思いに心打たれた源之丞は、何とか辰五郎の願いを叶《かな》えてやりたいと考えたのだった。相撲部屋《すもうべや》への入門が実現するよう、

▼伝手（つて）
頼りになる人。または知り合い。手掛かり。
▼秀ノ山伝治郎（ひでのやま・でんじろう）（一七六四～一八二三）
現在の東京都江東区出身。最高位は小結。伊勢ノ海部屋所属。生涯成績は、107勝44敗。
▼関脇（せきわけ）
相撲の番付で横綱、大関の次の地位。大関・関脇・小結を合わせて三役という。
▼大関（おおぜき）
大相撲の力士の地位の一つ。横綱の下、関脇の上。三役の最上位。幕内に属する。
▼番付（ばんづけ）
大相撲における力士の順位表。正式には番付表という。ここから転じて、その他さまざまなものの順位付けの意味でも用いられる（長者番付など）。
▼横綱昇進の年齢・三十八歳
昭和時代の大横綱・大鵬（たいほう）が横綱に昇進した時の年齢は二十一歳三ヵ月。北の湖（きたのうみ）は二十一歳二ヵ月だった。また、各横綱の現役引退時の平均年齢は、三一・五歳。


力になることを約束した。

源之丞は、江戸で仕事があるたびに、また、辰五郎のためにわざわざ江戸に出向き、わずかな伝手《つて》を頼りに、秀ノ山伝治郎《ひでのやまでんじろう》の元に入門できるように働きかけた。辰五郎は、源之丞が出掛ける際は、その姿が見えなくなるまで見送り、帰宅の際は、どんなに夜遅くなっても、天気が悪くなっても待ち続けた。さらに、今まで以上に、仕事にも精を出した。そして、ついに源之丞の奔走《ほんそう》と力添えで、相撲部屋での力士としての生活が出来るようになったのだった。

体が小さく体重が軽い辰五郎だけに、それを克服《こくふく》するためには、元々持っていた力をさらに強くし、技に磨《みが》きをかけるしかない。念願の相撲界に入った辰五郎にとっては、どんな稽古《けいこ》の厳しさも苦にはならなかった。自分が相撲界に入れたのは、源之丞のお陰であり、源之丞への感謝の気持ちを一日たりとも忘れることはなかった。

歩みは遅かったものの、持ち前の努力と粘り強さで、辰五郎はじりじりと番付《ばんづけ》を上げていった。関脇《せきわけ》時代には、四場所全くの負け知らず三十連勝という大記録を達成した。また、大関《おおぜき》時代には、六場所でわずか三敗しかしないという好成績

岩場が続く岩井崎の風景（上・気仙沼市）と横綱・秀ノ山の碑（右）

▼岩井崎（いわいざき）
気仙沼市中心部から南に約十キロにある。二〇一五年に南三陸・金華山国定公園に編入された。石灰岩の岩場が続き、潮吹き岩が有名。

を残すほどの勝負強さを発揮した。

横綱秀ノ山雷五郎誕生

ついに辰五郎は、師匠《ししょう》の名前をいただき、四股名《しこな》を「秀ノ山」と改め、入幕後八十八勝十四敗の好成績が認められ、「秀ノ山雷五郎」として第九代横綱に上り詰めた。三十八歳の時だった。相撲界の最高峰である横綱となるまで、相撲取りになろうとしてから、既に二十二年もの年月が経っていた。土俵に上がる横綱秀ノ山雷五郎には、いつも大声援が送られたという。

江戸期の相撲界で横綱になったのは、わずか十二人しかいない。江戸後期の名だたる横綱の中で、秀ノ山雷五郎は勝率八割四分二厘という群を抜く好成績を残した。

岩井崎にある秀ノ山雷五郎の像

出身地・気仙沼の景勝地・岩井崎《いわいざき》には、秀ノ山雷五郎の等身大の銅像が建てられている。平成二十三年三月十一日の東日本大震災では、この付近も大津波に襲われ、大きな被害を受けたが、銅像は大津波にも耐え、今もなお未来に向けて右手を大きく伸ばしている。

10 園部　秀雄（そのべ・ひでお）

薙刀を通して心を磨く女性剣士

園部秀雄（そのべ・ひでお）は、幼名《ようめい》をたりたといい、明治三年（1870）、仙台藩士・日下陽三郎の六女として、玉造《たまつくり》郡上野目《かみのめ》村（現在の大崎市岩出山《いわでやま》）に生まれた。「秀雄」という名前から誰もが男性だと思うだろうが、実は、薙刀《なぎなた》一筋に生きた女性剣士である。この名前は、薙刀の先生であった同じ女性剣士の名前から「雄」の一字をもらい、〝男の人より優れた剣士になれるように〟と名付けられたという。二メートルもある長い薙刀を操り、技を仕掛ける試合で秀雄が負けたのは、生涯《しょうがい》でたった一回だけといわれる。

たりたが十七歳の頃、人生を変えた出会いがあった。近隣では大きな町であった古川に出掛けた際、薙刀を見た時のことであった。そこには、薙刀を自在に操る女性剣士・佐竹茂雄の姿があった。美しく、優しそうな女の人が、鋭《するど》い気合で、怯《ひる》むことなく相手に立ち向かっていく姿に、たりたは感動し、胸が震えた。

薙刀を振るう園部秀雄

▼薙刀（なぎなた）
長刀、眉尖刀とも書く。刀剣の一種で、刃先が広く、反り返った形をしている。中心（なかご）を長くして、長い柄をつけたもの。柄は銅や鉄などを蛭巻（ひるまき）にしたものが多い。平安時代の末頃から歩兵や僧兵が人馬を薙ぎ払うのに用いたが、戦国時代には衰え、江戸時代になると、鞘や柄を金銀蒔絵で飾って飾り道具とした他、武家の

園部　秀雄

女子の武道として発展し、今に至る。
▼**幼名（ようめい）**
幼児の時期に付けられた名前。
▼**負けたのは…たった一回**
文献によっては二回とも。
▼**生涯（しょうがい）**
生きている間。一生。
▼**ちょんまげ**
江戸時代の男性の髪型の一種。月代（さかやき）と呼ばれる前頭部から頭頂部にかけての範囲の頭髪を剃り、残りの頭髪を結ったもの。

弟子たちと稽古に励む園部秀雄（左）

「おばあ様、私もあのような素晴らしい薙刀《なきなた》の使い手になりたい。薙刀を習いたいのです」

一目で薙刀の魅力に取りつかれたたりたは、一緒に来ていた祖母に、こう言って頼み込んだ。だが、祖母は、少し困った様子でこう言うのだった。

「私も若い頃は、自分の身を守るために薙刀の稽古《けいこ》をしたものです。しかし、今はもう、薙刀の時代ではありません。もっと女らしい修業をすべきではありませんか。私はその方がずっといいと思いますよ」

父も、たりたが薙刀《なぎなた》を学ぶことには反対であった。明治維新後に、武士が、その〝命〟と言われた刀を捨て、ちょんまげを切ってから、そう時間が経っていない時代のことである。男でも、この新しい時代に、新たに剣術を学ぼうとする者などまずいなかったであろうことは、容易に想像できる。

父を説得し、茂雄夫妻の元に入門

諦め切れないたりたは、猛反対する父をやっとのことで説得し、親元を離れ、生涯の師匠となる佐竹鑑柳斎・茂雄夫妻の元に入門することが出来た。だが、武士の家で育ったたりたにとっては、想像以上につらい日々が待っていた。食事の準備、掃除や洗濯といった家事の一切を任され、薙刀の稽古《けいこ》に当てられる時間などほとんどなかったのである。

先生の茂雄に技を教えてもらえるのは、ほんのわずかな時間だった。たりたは、自分で稽古の時間をつくるしかなかった。早朝に五百本、皆が寝静まった夜中に五百本、一日千本も薙刀を振る〝一人稽古〟を始めた。

そうした地道な努力が徐々に実を結ぶ。めきめきと腕を上げ始めたたりただったが、伸びていったのは、薙刀の腕前だけではなかった。茂雄が教えるのは、武家の女性としての心構えや作法《さほう》、挨拶《あいさつ》、縫物《ぬいもの》、掃除の仕方など、幅広い分野に及んだ。家事の一切を任せられ、自由のない生活のように見えるが、茂雄はたりたを、一人前の大人の女性として育てようと心を砕《くだ》いていたのである。

たりたも、そうした茂雄の気持ちを敏感《びんかん》に察《さっ》していた。教えてくれるものすべてを、確実に自分のものにして応《こた》えようと努力を惜しまなかった。

たりたが、「直心影流薙刀術《じきしんかげりゅうなぎなたじゅつ》の免許皆伝《めんきょかいでん》」を受け、「秀雄《ひでお》」という名前を授けられたのは、入門から二年半後のことだった。

▼作法（さほう）
立居ふるまいの仕方。起居動作の法式。礼儀作法。行儀作法。

▼挨拶（あいさつ）
中世に日本に輸入された漢語で、元来、禅宗において僧が問答を繰り返し合う意味。また、単に受け答えの意味としても使われた。現代では他人に対して尊敬や親愛の気持ちを表し、人間関係を円滑にする言葉のやり取りでもある。

▼縫物（ぬいもの）
布などを裁ち、縫うこと。手芸のうち針と糸などを使って布を縫い衣服などを制作する行為。縫いもの、針仕事ともいう。

▼直心影流薙刀術（じきしんかげりゅうなぎなたじゅつ）
様々な薙刀の流派がある中での一流派。「天道流」という流派もある。

▼免許皆伝（めんきょかいでん）
武術や技術などの奥義を、師匠が弟子に残らず伝えること。「免」「許」はともに許すこと。「皆伝」は師から奥義をすべて伝えられること。

負け知らずでその名は全国区に

大正七年（１９２６）頃から、女学校では体育の授業の一環で、薙刀が採用されるようになった。この頃、秀雄の名は〝負けを知らない女性剣士〟として全国に知られるようになっていた。秀雄が薙刀を握る姿は、凛《りん》として美しく、切れのある動きと見事な技は、剣士たちばかりでなく、多くの人たちに感動を与えた。

昭和に入ると、文部省の通達により、女子の中等学校正課体育に薙刀・弓道を取り入れることが決議され、薙刀の指導者が全国で求められるようになっていた。昭和十一年（１９３６）、秀雄は東京で、「修徳館《しゅうとくかん》」という薙刀の道場を開いた。六十七歳の時である。こうして、京都の「武徳殿《ぶとくでん》」と東京の「修徳館」の二カ所で薙刀の教員が養成された。

なお、昭和十一年と言えば、「二・二六事件」があった年である。高度国防国家建設を目指して、日本では軍事化が急速に進み、軍事施設の新設や拡張が行われた。〝太平洋戦争前夜〟とも言えるこの時代、薙刀が女子教育に積極的に導入された背景には「心身の鍛錬《たんれん》」があった。「修徳館」を開いた際の心境として、秀雄はこんなこと語ったという。

▼凛（りん）として
態度や姿などがきりりと引き締まって美しい様子。

▼修徳館（しゅうとくかん）
園部秀雄が東京の世田谷に開いた薙刀の指導者養成所。

▼武徳殿（ぶとくでん）
今から百年余り前に、京都に出来た大日本武徳会の演武場として設置された。現在は京都市武道センターの施設名となっている。

▼二・二六事件
昭和十一年（１９３６）二月二十六日から二十九日にかけて起きた日本のクーデター未遂事件。皇道派の影響を受けた陸軍青年将校らが、千四百八十三名の下士官・兵を率いて蜂起し、政府要人を襲撃するとともに永田町や霞ヶ関などの一帯を占拠したが、最終的に青年将校たちは、下士官兵を原隊に帰還させ、自決した一部を除いて投降したことで収束した。この事件の結果、岡田内閣が総辞職し、後継の広田内閣（廣田内閣）が思想犯保護観察法を成立させた。

▼沢庵（たくわん）
江戸初期の臨済宗の僧の名前。正式には、沢庵宗彭（そうほう）という。但馬（今の兵庫県北部）の人。漬物としての沢庵は、大根を天日干しまたは塩押しして脱水し、糖類や塩等を加えた糠に漬けたもの。またはこれに糖類、果汁、みりん、香辛料、削り節、昆布等を加えて味付けした漬物。沢庵が考案した漬物なので、こう呼ぶという説がある。

卒業生との立ち合いに臨む秀雄

「薙刀を通して、心を磨く教育を広めたいという気持ちがようやく叶ったという思いです。試合で勝ったか負けたかということよりも、大事なのは〝一心に相手に立ち向かうこと〟を多くの若者たちに伝えたい」

「残心」の心得を館生に伝える

ある日の朝礼でのこと。「沢庵《たくわん》も大根として土にあった時は生きていたのです」と、秀雄の声が響いた。「薙刀の技術を磨くことだけが大事なのではありません。薙刀を手にしている時だけが修業ではないのです」

館生たちは、この言葉にハッとした。（この子たちには、〝荷物にならない土産〟を古里に持って帰ってほしい。その土産をたくさんの人たちに分け与えてほしい）という秀雄の思いは、館生たちにしっかりと受け継がれていった。

「一心に相手に向かう」とは、どんなことに対しても、前を向いて精一杯取り組むこと、やりっぱなしではなく、物事が終わった後の心構え、身構えを大切にすること。それが「残心《ざんしん》」という心得である。

全日本なぎなた連盟設立

園部秀雄は、道場を卒業していく教え子一人一人と、薙刀の相手をして門出を祝った。戦後、この道場は閉鎖されたが、秀雄の教えを受け継いだ女性は三千人にも上る。

昭和二十八年（１９５３）、「全日本なぎなた連盟」設立の際も、秀雄は力を注いだ。薙刀が学校教育の中で発展していく道を拓いた先駆者《せんくしゃ》とも言える。

秀雄は、昭和三十八年（１９６３）九月二十九日、九十歳で薙刀一筋の人生を終えた。

現在、薙刀は学校教育の中では「なぎなた競技」として練習会や大会が行なわれている。女性の武術というイメージが強い薙刀も、元々は平安時代に使われ始めたとされる実戦用の武器であり、戦国期には僧兵《そうへい》が使う長柄武器だった。江戸期以降は武家の女子の嗜みとして伝承されてきた。現在は、男子の薙刀競技も登場しており、男女共に楽しめる武道競技となって親しまれている。（みやぎの先人集「未来への架け橋」宮城県教育委員会編　参照）

▼残心（ざんしん）
日本の武技の一つで、攻め技の直後も敵に備え、剣技で相手を倒す打ち（突き）を決めてからなおとる静かな構えのこと。弓術では矢を射放してからなお見定めるのに崩さない心構え。実技的なものに加え、研ぎ澄まされた精神性が求められる要素もあり、極めて高度な心技体の鍛錬が求められる。

▼全日本なぎなた連盟（ぜんにほんなぎなたれんめい）
正式には「公益財団法人全日本なぎなた連盟」。この団体は、日本におけるなぎなたの国内競技連盟。かつては文部科学省スポーツ・青少年局競技スポーツ課所管。日本武道協議会、日本スポーツ協会、国際なぎなた連盟、大学スポーツ協会に加盟している。

▼僧兵（そうへい）
僧侶でありながら武芸を修練し、戦闘に従事した寺院の私兵。平安中期がその活動の最盛期で、興福寺・東大寺・延暦寺・園城寺などがその兵力の強大さで知られている。

▼男子の薙刀競技
女子のイメージがある薙刀だが、近年は男子の競技者が増えている。

11 二階堂トクヨ（にかいどう・とくよ）

女子体育を広めて

二階堂　トクヨ

女子体育の基礎を築いた二階堂トクヨ（にかいどう・とくよ）は、明治十三年（1880）、志田《しだ》郡桑折《こおり》村（現在の大崎市三本木《さんぼんぎ》桑折）で、父・保治、母・キンの長女として生まれた。父方・母方ともに会津藩士の家系であった。父の保治は、同二十二年（1889）に周辺十二ヵ村が合併して発足した新制三本木村の初代村長を務めた。英国留学で「心身共に健康な女性を育てる」ことを学び、日本女子体育大学の前身である「二階堂体操塾」を開設し、日本の女子体育の基礎を築いた。

そもそも「女子体育」とは、女性の視点から学校体育・生涯スポーツの普及・振興を図るもので、健康で生きがいのある生活を実現するのが目的。男性を陰で支えるのが女性の役目だとする旧来の価値観とは大きく異なり、「女性」を前面に出して、体操という手段を用いて、女性の生活の質を高めようという明

▼日本女子体育大学（にほんじょしたいいくだいがく）

東京都世田谷区北烏山八丁目に本部を置く日本の私立大学。大正十一年（1922）創立、昭和四十年（1965）に大学設置。大学の略称は日女（にちじょ）。

▼二階堂体操塾（にかいどうたいそうじゅく）

東京府荏原郡松沢村（現在の東京都世田谷区西北部）に存在した旧制女子専門学校。大正十五年に日本女子体育専門学校と名称変更し、日本女子体育短期大学・日本女子体育大学の前身となった学校。二階堂トクヨが個人で開設した二階堂体操塾を起源とする。

▼生涯スポーツ

誰もが生涯の各時期にわたって、それぞれの体力や年齢、目的に応じて、いつでも、どこでもスポーツに親しむこと。

確な目標を据えている。こうした考え方は、当時としては画期的であった。

当初は嫌いだった「体育」

地元の尋常高等小学校、高等科時代は、文学好きの少女だったといい、体育はむしろ「嫌い」な科目だった。卒業後は、准教員《じゅんきょういん》の免許を取得し、地元三本木の小学校で教員となった。まだ十五歳という、今なら中学三年生か高校一年生の年齢である。年齢の近い子どもたちを教える小学校での教員生活は楽しかったものの、向学心があったトクヨは、そうした現状に満足しなかった。

さらに学問を身に着けたいと、宮城県尋常師範学校（宮城師範・現在の宮城教育大学）を目指したが、当時は女子部が廃止されて入学が叶わなかった。そこで一計を案じ、縁もゆかりもなかった福島の新聞社に手紙を送り、福島師範学校への入学が出来るように斡旋《あっせん》を頼むという大胆な行動に出る。しかし、福島県民でないと入学資格がないということが判明する。だが、トクヨの希望は意外な形で実現する。驚くことに新聞社の社長が「戸籍上、自分と養子縁組すれば面倒をみる」という返事をくれたというのである。思いがけない申し出を

▼准教員（じゅんきょういん）
旧制の小学校で、本科正教員を補助した教員。

▼三本木（さんぼんぎ）
三本木町は、明治二十八年（１８９５）から平成十八年（２００６）まで、宮城県北部の志田郡に属した町。大崎平野の南に位置し、現在は大崎市の一部になっている。

▼宮城県尋常師範学校（みやぎけんじんじょうしはんがっこう）
宮城師範学校は、時期によって名称や運営母体、組織が頻繁に変わっており、明治十九年（１８８６）、師範学校令に準拠して、県立の「宮城県尋常師範学校」と改称された（本科四年制）。明治二十二年（１８８９）、女子部を設置（三年制）。

▼福島師範学校（ふくしましはんがっこう）
明治九年（１８７６）に磐前県と若松県が合併して福島県が成立。旧県の師範学校を引き継いで福島第一、第二、第三師範学校が設置された。同十一年、この三校が合併して、福島師範学校と改称。同十九年、師範学校令に準拠して福島尋常師範学

校（四年制）と改称。二年後の同三十一年、女子部を設置した（三年制）。

▼高村光太郎（たかむら・こうたろう）（一八八三〜一九五六）

日本の詩人・歌人・彫刻家・画家。本名は高村光太郎（たかむら・みつたろう）。父は彫刻家の高村光雲（こううん）。『道程』『智恵子抄』などの詩集が著名で、教科書にも多く作品が掲載されており、日本文学史上、近現代を代表する詩人の一人。

教え子と二階堂トクヨ（中央）

快諾したトクヨは、明治二十九年（１８９６）、福島師範に入学。成績優秀で同三十二年（１８９９）に卒業した。高等小学校本科正教員の資格を得たトクヨは、福島県安達郡内の尋常高等小学校で訓導となるが、教え子の中に長沼ミツという女子児童がいた。ミツには姉がいて、トクヨは姉とも親しくなった。この姉こそ、後に高村光太郎《たかむらこうたろう》の妻となり、『智恵子抄』で知られる少女時代の「高村千恵子」だった。

トクヨの向学心はこれで満足しない。さらに上を目指そうと、勤務していた尋常高等小学校を休職し、東京に出て東京女子高等師範学校（女高師、現在のお茶の水女子大学）文科に入学。明治三十七年（１９０４）、教育・倫理・体操・国語・地理・歴史・漢文の七科目の師範学校女子部・高等女学校の教員免許を取得して卒業した。

最初の赴任先は、石川県立高等女学校であった。希望に胸を膨らませて北陸の城下町・金沢に赴任したトクヨだったが、担当科目が体育と告げられ、大きなショックを受ける。取得した七科目の教員免許に「体操」が入ってはいたものの、学生時代は和歌と読書に夢中となり、国語を教えることを楽しみにしていたからである。子どもの頃から、号令に合わせてただ体を動かすだけの体育は、トクヨが一番嫌いな科目だった。

体育への目覚め

しかし、教員になったからには、嫌いだとは言っていられなかった。当初は、気が進まないまま体育の授業に臨んでいたトクヨだったが、三ヵ月ほど経って、ある変化に気づいた。運動することで、体の弱かった自分が、健康で活発になっていく実感が得られたのである。

毎日の運動の効果を自分の体で体験してから、トクヨの意識が徐々に変わっていった。進んで体育の講習会に参加し、熱心に勉強するようになった。

体操の専門学校で学んだという外国人宣教師《せんきょうし》に出会い、欧州で教えられているという女子学生向けの体操があることを知る。一方、休日や夏休み、冬休みには、自分が学んだ体操を、他の学校の生徒たちに教えることにも注力した。いつしかトクヨは、体育教師としての指導力を身に着け、周囲から認められるようになっていた。

▼東京女子高等師範学校（とうきょうじょしこうとうしはんがっこう）
明治二十三年（1890）三月、東京市神田区（現在の東京都文京区）に設立された官立の女子高等師範学校。略称は「東京女高師」（とうきょうじょこうし）、もしくは（所在地にちなみ）「お茶の水」（おちゃのみず）とも呼ばれた。

▼体操の専門学校（たいそうのせんもんがっこう）
二階堂トクヨたちが活躍した時代の外国（主に欧米）では、体育の教師を育成するための専門学校があり、まだ「体を動かすだけの」体操が主流だった日本に比べて、知識や認識ともにかなり進んだ状況だった。

▼宣教師（せんきょうし）
キリスト教の教えを伝えるために派遣される外国人の聖職者。江戸期以前はヨーロッパからの宣教師が大半だったが、明治になると、アメリカ人宣教師が来日するようになり、教育、医療、被災地救援、人力車の発明、外交、辞書の編纂や聖書の和訳等に寄与した。

▼キングス・フィールド体操専門学校
英国ロンドン郊外のケント州ダートフォードにあった。正式には「バーグマン・オスターバーグ・フィジカル・トレーニング・カレッジ」といい、「キングス・フィールド…」は通称。

▼ラクロス
クロスと呼ばれる先に網の付いたスティックを用いて直径六センチ・重さ百五十グラムの硬質ゴム製のボールを奪い合い、相手陣のゴールに入れることで得点を競う球技。

英国での体操の授業風景（学校法人二階堂学園 日本女子体育大学蔵）

英国の体操専門学校へ留学

明治四十四年（1911）、トクヨは、東京女子高等師範学校の助教授となった。その翌年、英国への留学生に選ばれ、初めての欧州へと旅立った。学ぶのは、あれほど嫌いだった「体育」である。日本の女子体育の未来を背負う立場となり、トクヨは身が引き締まる思いだった。

留学先は、マダム・オスターバーグが校長を務める名門キングス・フィールド体操専門学校であった。船しか渡航手段がない時代、極東の島国日本からはるばるやってきたトクヨたちを前に、現地の教師たちは当初、戸惑いを見せたという。既に助教授の資格があるトクヨたちに、何を教えればいいのか、という点だった。そこで、マダム・オスターバーグは、しばらく考えた末にこう質問した。「水泳は知っていますか」「ホッケーやラクロスは知っていますか」「マッサージを知っていますか」…。トクヨの実力を確かめようという狙いだった。

次々と向けられる質問に、トクヨは「分かりません」と答えるしかなかった。当時の日本の体育の授業は、先生の号令に合わせて体を動かすだけの単純なものだった。

▼寄宿舎（きしゅくしゃ）
学生が、親元を離れて共同で生活する宿舎。

▼チュニック
女性用の上着で、長さが腰から膝くらいのもの。現代人の感覚では、運動用としては不便に感じるかも知れないが、二階堂トクヨの時代の写真を見ると、こうした衣類で運動していたことがわかる。

二階堂体操塾の平均台運動の風景（学校法人二階堂学園日本女子体育大学蔵）

結果はすべて0点。あきれ顔の教師たちは、トクヨに向かって「あなたは生徒に何を教えていたのですか」と言い放った。トクヨは、返す言葉がなかった。

キングス・フィールド体操専門学校での生活は驚きの連続だった。ホテルのような寄宿舎《きしゅくしゃ》、おやつや夜食まである食事、動きやすい制服…。何もかもが運動のための工夫だった。

「運動の楽しさ」教えられる教員育成を

帰国したトクヨは、女性の体育教師を育成するため、国立の専門学校の必要性を訴えたが、実現は難しく、自ら学校を設立しようと奔走《ほんそう》した。

トクヨが日本女子体育大学の前身となる「二階堂体操塾」を開いたのは、帰国してから七年目の大正十一年（１９２２）である。「運動の楽しさ」を教えられる教員を育てるため、英国で学んだことを最大限に取り入れた。真新しい日本製のチュニックを着た生徒たちを前にこう言った。「この学校ではチャイムは鳴りません。出席簿もありません。何の資格も取れません。しかし、体育教師としての指導力を身に着けて卒業することは私が責任を持ちます」

12 只野 文哉（ただの・ぶんや）

電子顕微鏡を研究開発

只野文哉（ただの・ぶんや）は、明治四十年（１９０７）、名取郡岩沼町（現在の岩沼市）で、農家の九人兄弟の二男として生まれる。電子顕微鏡《でんしけんびきょう》の研究に力を注ぎ、国産第一号の開発に成功した。

当時の日本では、一般的に家を継ぐ長男以外の男子は、学校卒業後は生まれた家を出て自立しなければならなかった。十四歳になった文哉も例外ではなかった。将来、どのような仕事に就こうかと考える日々を送っていた。

そんなある日、担任の先生から『子どもが聞きたがる話　最新知識　発明発見の巻』という本を読むように勧められた。早速、本を借りて読んだ文哉は、アメリカでは日本では見たことがない自動車が走り、飛行機が空を飛び、鉄道が大陸を横断していることを知り大変驚いた。こうした機械技術が一つの大きな国を動かす力になっていることを知り、日本もやがてこういう時代が来るに違いないと考

只野　文哉

▼電子顕微鏡（でんしけんびきょう）

光の代わりに電子ビームを当てて拡大する顕微鏡。ウィルスなど、千分の一ミリよりも小さなものまで観察できる。

▼『子どもが聞きたがる話　最新知識　発明発見の巻』

著者の原田三夫は、日本の科学ジャーナリスト、教員。科学雑誌や科学の啓蒙書の編集者・作家。『子供の科学』初代編集長。この本は大正十一年（１９２２）一月、誠文堂より出版された。教職を辞めた後、科学雑誌『子供と科学』（１９１７）、『少年科学』（同）、『科学画報』（１９２３）、『子供の科学』（１９２４）を次々と創刊した。

▼ミクロ
非常に小さいこと。目では見えないほど微小なこと。

▼逓信省（ていしんしょう）
明治十八年（１８８５）、内閣の発足に伴って設置された官庁の一つ。第二次世界大戦中の行政機構改革で統合されるまで、交通・通信・電気を幅広く管轄していた。

▼実用化（じつようか）
実際に使えるようにすること。日常の使用に耐えられるように改良を加えること。

開発に当たる只野のイメージ

えた。「私の仕事はこれだ。これしかない！」。文哉の心の中で、自分も人の役に立つようなものを作る身に着けて生きていけたら、という思いが強く湧き上がってきた。そして、その思いが文哉の決意となった。ミクロの世界への挑戦である。

文哉は、上京して東京の夜間高校などで機械や電気について専門的な勉強に励み、卒業後には、逓信省《ていしんしょう》電気試験所（日本で最初の電気研究所）で電子顕微鏡の仕組みの基となるシログラフの研究に取り組んだ。その後、三十三歳の時に日立製作所に入社し、電子顕微鏡の開発担当になった。当時、電子顕微鏡は世界で初めてドイツで発明され、それまで見ることが出来なかったウィルスの撮影に成功するなど、世界的な話題になっていた。日本でも開発の動きが起こっていた。

文哉は、希望を胸に電子顕微鏡の開発に挑み始めた。そして、二年の月日をかけて、昭和十六年（１９４１）に国産第一号の電子顕微鏡「ＨＵ―１型」を完成させた。しかし、実用化《じつようか》するには、観察するものをはっきりと映し出して写真に収める必要があった。文哉がこの後、写真の撮影に成功するまでには、大変な苦労が待っていた。

▼酸化亜鉛粒子（さんかあえんりゅうし）
化学記号はZnO。白色の粉体で顔料や樹脂やゴムのフィラーとして利用される。酸化亜鉛は紫外線を吸収するため、サンスクリーンなどの化粧品や、紫外線カット塗料などに用いられる。特にナノ粒子化したものは透明性が高く、白っぽくなりにくいため化粧品などによく用いられる。

▼結晶（けっしょう）
ものを表わす一番小さな単位（原子）の集まったもの。雪、塩の結晶など。

▼没頭（ぼっとう）
ひたすら物事に打ち込むこと。熱心に取り組むこと。

縦型HU-2型の電子顕微鏡と開発者の只野文哉

文哉は、医薬品などで使われる粉（酸化亜鉛粒子《さんかあえんりゅうし》）を、一万倍に拡大して撮影していたが、どうしてもピントが合わない。どうやってみてもぼやけた写真しか撮れず、連日失敗を繰り返していた。それでも、文哉はくじけることなく、「実験こそわが命」と、自分を奮い立たせ、食べることも寝ることも忘れて写真を撮り続けた。失敗するたびにその原因を探り、ありとあらゆる方法を試してみるのだが、失敗をただただ繰り返すばかりの日々が続いた。文哉は、ぐっと唇をかんで、窓の外の景色をぼんやりと眺めるしかなかった。

そうした失意の中で、ある日、撮影した写真の中の一枚に、粉の結晶《けっしょう》が鮮やかにはっきりと映っているのを見つけた。

「やった、やった、ついに撮れたぞ！」文哉は、研究室の廊下に飛び出して大声で叫び、一人で万歳《ばんざい》したのだった。響き渡る自分の声の大きさに、ふと我に返った文哉が周囲を見渡すと、辺《あた》りは真っ暗であった。時間の感覚がなくなるほど、研究に没頭《ぼっとう》していたせいで、昼も夜も区別がつかなくなっていたのである。

誰もいないのは道理、時間は真夜中であった。いつもは聞こえてくるはずの列車の音も聞こえず、建物内はしんと静まり返っていた。

（そうか、そういうことだったのか……）文哉は、はっとした。ピントがどうしても合わなかった原因は、研究所近くを通る線路から伝わってくる千分の一ミリ程度の、ごくごくわずかな振動《しんどう》ではないか、と気付いたのである。

何度やってもうまくいかないのは、無理もないことだった。人間の感覚では到底感じることの出来ない程度の弱い振動は、目に見えない微細なものを観察する顕微鏡にとっては、想像を超える大きな影響を与えていたのである。何度撮影しても、ブレが出てピンボケ写真になってしまうのは考えれば当然であった。

こうして、うまくいかない原因が明らかになり、それを取り除くことで、撮影される写真は、以前とは比較にならないほど、鮮明なものになった。文哉の次の目標が、この時、はっきりと決まった。

「HU—1型は、横型で振動に弱かった。振動に強い縦《たて》型の2型を作ろう」

設計のポイントを掴《つか》んだ文哉は、早速開発に取り掛かった。電子顕微鏡の実用化への見通しがついたことで、医学・理学《りがく》・工学《こうがく》などの各研究者からは、ウィ

▼ピント

カメラのレンズにおける焦点のこと。被写体にピントが合っていれば、被写体は鮮明に写り、逆に被写体にピントが合っていなければ、被写体は輪郭がぼやけて写る。

▼振動（しんどう）

物体がある基準位置を中心にして時間とともに上下又は左右等に位置の変化を繰り返す現象。その時間変化で、一定時間ごと同じ状態を繰り返すものを周期振動、任意の時刻における大きさや周期が予測できないものを不規則振動と呼ぶ。

▼ピンボケ写真

カメラのレンズの焦点が合わず、被写体が不鮮明に写った写真。手動でピントを合わせるタイプから、自動焦点のカメラが開発され、ピンボケにはなりにくくなっている。

▼理学（りがく）

自然科学、特に物理学の分野を指す。

▼工学（こうがく）

役に立つ生産物を得るために、計画・設計・製造・検査の段階に基礎的科学と応用する技術のこと。

ルスや細菌、金属の結晶など、電子顕微鏡を用いて観察し、それぞれの研究に役立てたい旨《むね》の要望が殺到した。飛躍的《ひやくてき》な性能向上への期待の表れであった。

なお、顕微鏡の原型《げんけい》を発明したのは、十六世紀のオランダの眼鏡職人で、現代のような顕微鏡が登場するのは、十九世紀のドイツである。近代以降の研究者にとって不可欠な顕微鏡には、「光学《こうがく》顕微鏡」と「電子顕微鏡」があり、「光学顕微鏡」は、観察したい試料に光を当てて、像を拡大して観察するのに対し、「電子顕微鏡」は、光の代りに電子線《でんしせん》を試料に当てて像を拡大して観察する。最近は「デジタル顕微鏡」も登場している。他の顕微鏡との違いは、接眼レンズではなく、解像度の高いカメラで対象物を観察する仕組みだ。

戦時中の苦労と東大で学位を取得

「2型の電子顕微鏡で、今まで観察できなかったものを見たい」。文哉の思いは、大きくふくらんだ。ただ、当時の日本は戦争への道を歩んでいた。開発に必要な物資も不足し、ますます手に入りにくくなっていた。さらに十分な食糧《しょくりょう》もない。栄養不足や目の酷使《こくし》により、体は悲鳴を上げた。しかし、昭和十七年（1943）、

▼**性能（せいのう）**
機械や器具などが持つ性質と働く力。

▼**電子線（でんしせん）**
真空中に放射された高速度の電子の流れ。X線管・ブラウン管・電子顕微鏡などで利用される。電子ビームともいう。

▼**デジタル顕微鏡**
接眼レンズを使用せずにデジタルカメラを使用して、映し出された電子モニターで検体の映像を確認しながら検査する機器

▼**戦争への道**
昭和十六年（1941）十二月に始まった太平洋戦争のこと。

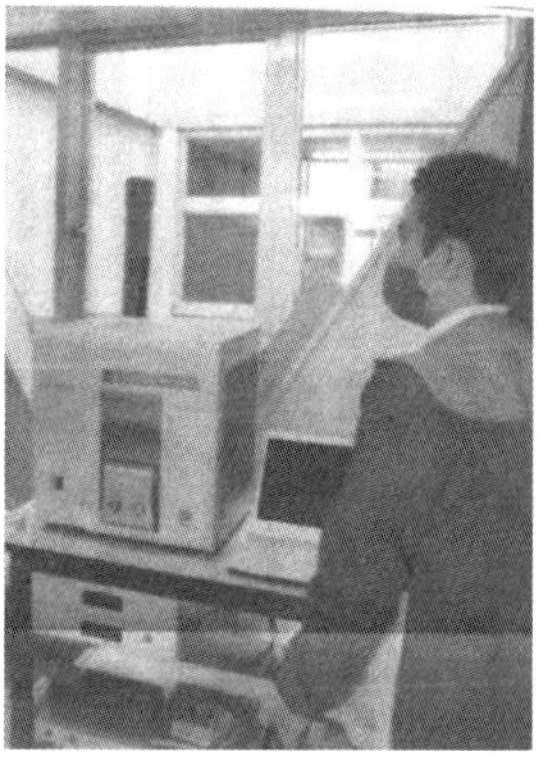

全国の小学校で初めて岩沼小に設置された電子顕微鏡

▼**論文**（ろんぶん）
研究の成果などを書き表した文章。研究者が実績の発表のためにまとめたもの。

▼**岩沼小学校**（いわぬましょうがっこう）
岩沼市の中心部にある。明治六年（1873）に開校し、百五十年の歴史がある。児童数は五百十一人（令和三年五月）。

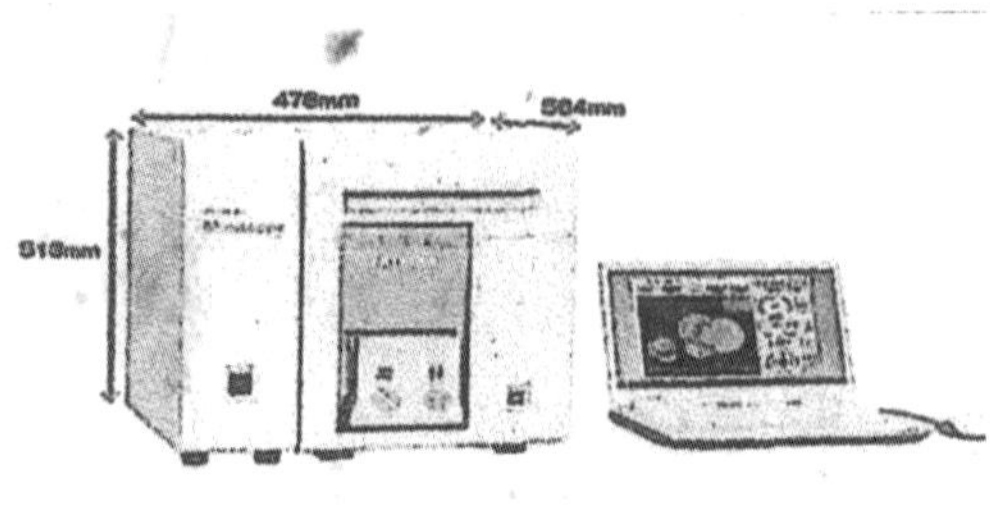

岩沼小学校に設置されている電子顕微鏡

ついに念願だった「HU―2型」を完成させた文哉は、さらに改良を重ね、「3型」「4型」とより高性能なものへと進化させていったのである。

戦後間もない昭和二十三年、文哉が四十一歳の時、それまでの研究成果を「電子顕微鏡の施策とその応用」のタイトルで論文にまとめ、東京大学から工学博士の学位を受けた。日本で初めて、電子顕微鏡が学会から認められた瞬間であった。

「成功へのエレベーターはない」

現在、岩沼市では毎年、「只野文哉記念科学技術奨励事業作品展」「理科大好きフェスティバル」が開催され、多くの子どもたちが参加している。さらに、文哉が四十五歳の時、その功績《こうせき》を称えて、名誉市民に選ばれた。六十五歳で退職した後も、三十年以上にわたって岩沼市内の小中学校などで、子どもたちの夢発見のための講義を続けた。教えを受けた子どもたちは、平成十五年（2003）までに三万八千人に上る。母校の岩沼小学校には、只野文哉の業績を紹介するコーナーがあり、「成功へのエレベーターはない。自分の足で一歩一歩階段を昇れ」という直筆のメッセージが、今も後輩たちへエールを贈っている。

13 布施　辰治（ふせ・たつじ）

弱い立場の人々のために

布施　辰治

布施辰治（ふせ・たつじ）は、明治十三年（1880）、牡鹿《おしか》郡蛇田《へびた》村（現在の石巻市蛇田）の農家に生まれた。明治から昭和にかけて、約半世紀にわたって弁護士・法律家・思想家・社会運動家として活躍した。

「立身出世《りっしんしゅっせ》を求めるよりも、貧しくても富を求めず、正しい行ないをしていくことが大切だ」と考えていた辰治は、十八歳の時に、「哲学《てつがく》を学びたい」という思いから、親の反対を押し切って上京し、明治法律学校（現在の明治大学）に入学した。

辰治は、新聞配達や納豆売りなどの仕事をしながら、一生懸命に勉学に励んだ。そして、二十二歳で判事検事登用試験に合格し、司法官試補《しほうかんしほ》（今の検事《けんじ》）になった。その後、間もなくして自分の仕事に疑問を感じ、司法官試補を辞めて弁護士として生きていく決心をした。

▼立身出世（りっしんしゅっせ）
社会的に高い地位について有名になること。

▼哲学（てつがく）
物事を根本原理から統一的に理解しようとする学問。

▼明治法律学校（めいじほうりつがっこう）
現在の明治大学法学部の前身。明治十四年（1881）年一月に開校。創立者は岸本辰雄・宮城浩蔵・矢代操の三人で、いずれも司法省法学校の卒業生。

▼検事（けんじ）
犯罪を捜査し、容疑者を裁判にかけ、その裁判を推し進め、監督する人。

▼被告人（ひこくにん）
罪を犯して検事から訴えられた人。

▼日露戦争（にちろせんそう）
明治三十七年（1904）から翌三十八年（1905）まで、日本と帝政ロシアとの間で、満州・朝鮮の制覇（せいは）を争った戦争。明治三十七年二月の国交断絶以来、同年八月以降の旅順攻囲、翌年三月の奉天（ほうてん）大会戦、同年五月の日本海海戦などでの日本側の勝利を経て、ポーツマス講和条約が成立した。

演説する布施辰治

弁護士とは法律の専門家で、人々の権利や利益を守る仕事をする人である。裁判を公平に行なうため、弁護人として被告人《ひこくにん》の権利や利益を守ることも重要な仕事である。

辰治が弁護士になった翌年、日露戦争が勃発した。国を挙げて戦争に集中していた日本は、人々の日々の暮らしが苦しくなり、その日の食事に困った末、罪を犯してしまう人も少なくなかった。罪を犯した人は、捕《つか》まれば裁判にかけられる。裁判には費用がかかる。お金がない人は、弁護人を頼むことが出来ず、その結果、受け入れられないような重い罰を一方的に与えられることもあった。時代背景が違うとはいえ、こうしたことは本来あってはならないことである。

幸い、今の日本には「国選弁護人《こくせんべんごにん》」という制度がある。この制度は、自分で弁護費用を工面できない人に代わって、国が費用を負担して弁護人をつけるものであるが、辰治が活躍した頃の日本には、こうした制度はまだなかった。

東京で弁護士として評価が高まる

大正三年（1914）、第一次世界大戦が始まるとともに、物の値段がジリジ

▼第一次世界大戦（だいいちじせかいたいせん）
大正三年（1914）から同七年（1918）まで行なわれた人類史上最初の世界大戦。
▼国選弁護人（こくせんべんごにん）
被疑者（刑事事件で勾留された人）および被告人（起訴された人）が、貧困等の理由で自ら弁護人を選任できない場合に、本人の請求または法律の規定により、国が費用を負担して、裁判所、裁判長または裁判官が弁護人を選任する「国選弁護制度」というものがあり、その弁護を担当する弁護人のことを指す。

布施辰治の法律事務所（石巻市教育委員会）

りと上がり、人々の暮らしを苦しめていた。そのような中、米の値段が安定していたことがせめてもの救いだった。しかし、その米も少しずつ値上がりし始めていた。同七年（1918）には、半年で二倍以上になるという異常さ。一般の人々の苦しみと不安は募り、ついに富山県でいわゆる米騒動《こめそうどう》が引き起こされ、全国各地に広がっていった。当時の政府は、十万人以上の軍隊や警察を出動させて騒動を抑えた。

「国民はただ、生きるために、命を守るために必死なのだ。政府は国民のために何をしているのだ」

困っている人々が大勢いることを考えると、辰治は居ても立ってもいられなかった。辰治は数名の仲間とともに米騒動における被告人の弁護を引き受け、各地を回った。

米騒動の原因は政府自身にあったのに、軍隊まで使って暴力で押さえつけた。これは断じて許されることではない」

辰治の鋭い眼差《まなざ》しは、まっすぐ判事《はんじ》や検事に向けられ、力のこもった声が法廷に響き渡った。彼の弁護は、人々の心を救うと同時に、その後の政治にも影響を与えることになった。

　辰治は、他の弁護士の二倍も三倍も仕事をこなした。その名は、凄腕《すごうで》の弁護士として評価を高めていく。東京でも指折りの立派な事務所を建て、成功者の道を歩んでいた。ある時期は一年間に二百五十件以上の事件を取り扱い、一日に平均四回も法廷《ほうてい》で弁護を行なうほど忙しい日々を送っていた。法廷から法律事務所に戻った辰治は、減ることのない山積みの書類に目を落とした。

「立場が弱く、生活に苦しんでいる人々はどんなに自分たちが努力しても減らない。このままでいいのだろうか……」

困っている人を一人でも多く助ける

　ある日、辰治が朝早く起きて仕事の準備をしていると、ふいに呼び鈴が鳴った。玄関に出てみると、そこに一人の男が立っていた。

「布施先生に相談したいことがあって参りました……」

　事務所の始業時間まではまだ大分あったが、辰治は男の話を聞くことにした。

▼米騒動（こめそうどう）
　大正七年（１９１８）に今の富山県魚津市で最初に発生した、コメの価格急騰にともなう暴動事件。これを契機に全国へと暴動が拡大した。米騒動は江戸期を含め幾度となく発生しているが、米騒動と言えば、代表的な事件として、この大正七年を指す。

▼判事（はんじ）
　裁判所において裁判を執り行い、判決を下す人。裁判官。

▼凄腕（すごうで）
　能力が高く、非常に仕事が出来る人。

▼法廷（ほうてい）
　裁判官が裁判を行なう場所。裁判所内にある。

▼生活に苦しんでいる人々
　一九二〇年代の日本は、第一次大戦中の好景気が一転し、深刻な不況に陥っていた。布施辰治は、刑事事件の他、多くの労働争議事件や廃娼運動、普選運動などの社会問題にも積極的に関わるようになった。一九二九年の世界恐慌へと繋がっている。

▼藁（わら）にもすがる

藁のように、どんなに頼りないものでも、この際だから当てにする、といった意味の言い回し。窮地に陥って普段は頼らないようなものに頼るといったことを指す言い方。

▼夜行列車（やこうれっしゃ）

夜間、日付をまたいで運転される列車のこと。略して「夜行」または、「夜汽車」と呼ばれることもある。また、夜行列車のうち寝台車を主体とするものは「寝台列車」と呼ばれる。

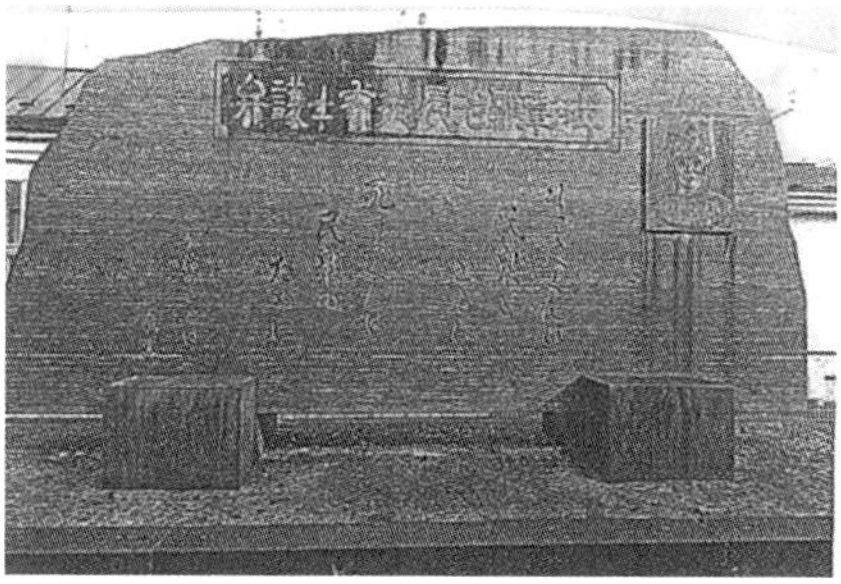
布施辰治の顕彰碑（石巻市あけぼの）

「さあ、こちらへどうぞ。お話を伺《うかが》いましょう。どうされましたか？」

椅子《いす》に腰を下ろしたその男は、かなり疲れた様子だった。そして、大きくため息をつくと、ボロボロと涙を流しながら話し始めた。

「随分前から必死に仕事を探しているのですが、どこへ行っても雇《やと》ってくれるところがないのです。私はどうしたらいいのでしょうか」

男は、なけなしのお金をはたいて列車に乗り、藁《わら》にもすがる思いで辰治のところに来たのだった。

「仕事には何よりも体が大事です。食事はしっかりとれていますか」

「もう、お金は底を突きました。家族は皆、昨日から何も食べていません」

男の話に、辰治は言葉を失った。そして、泣き続ける男の背中をただただささすることしか出来なかった。話を終え、玄関から出てゆく男の背中に、こう語り掛けたのだった。（世の中には、一人だって見殺しにされていい人はいない。私はこれからも、困っている人を一人でも多く助けるために命の限り頑張る）

その日から、布施法律事務所は、早朝六時半には玄関を開けるようになった。

これは夜中に突然問題が起きてしまった人や、遠くから夜行列車で上京してきた人たちへの配慮だった。さらに食卓には常に、ご飯と味噌汁、漬物などの食事が用意された。もちろん、朝早い来客のためである。

その後も、日本では治安維持法《ちあんいじほう》などの法律によって、人々の自由は抑えられた。とりわけ、植民地《しょくみんち》とされた朝鮮・台湾の人々は、差別され、日本人よりさらに辛《つら》い立場に置かれた。辰治はこうした状況に心を痛め、朝鮮独立運動《ちょうせんどくりつうんどう》など朝鮮人が関連する事件の弁護を数多く引き受けるようになった。だが、弁護士として彼らの側に立つことは、自分自身も権力と対決する場に身を置くことを意味した。

そうした辰治の姿勢が問題視され、弁護士の資格を取り上げられたり、牢に入れられたりと、迫害を受けた時期もあった。そのような中でも、辰治は「生きべくんば民衆と共に、死すべくんば民衆のために」という信念を曲げることはなかった。政治的、社会的に弱い立場の人々に寄り添い続け、救済に奔走した。

特に、植民地化の朝鮮で裁判にかけられた多くの独立運動家の弁護を無償で引き受け、「われらの弁護士」「日本のシンドラー」と称えられ、平成十六年（2004）には、日本人で初めて韓国建国勲章を受章した。

▼治安維持法（ちあんいじほう）
国の体制や個人が財産を持つことを否定する団体や個人を取り締まるための法律。日本では、大正十四年（1925）に制定され、昭和二十年（1945）に廃止された。

▼植民地（しょくみんち）
政治的、経済的な面で他の国の支配下に置かれ、自分の国の主権を行使できない立場に置かれた国や地域。

▼朝鮮独立運動（ちょうせんどくりつうんどう）
朝鮮王国時代・日本統治時代・連合国軍軍政時代に朝鮮人が行なった朝鮮の独立運動を指す。

▼シンドラー（一九〇八～七四）
オスカー・シンドラーは、現在のチェコで生まれたドイツ人実業家。第二次世界大戦中に、ナチスの強制収容所に収容されていたユダヤ人のうち、自分の工場で雇っていた千二百人を、軍用工場に必要な生産力という名目で虐殺から救ったことで知られる。一九九三年の米国映画「シンドラーのリスト」は有名。

14 落合 直文（おちあい・なおぶみ）

短歌を多くの人に広める

落合　直文

明治時代に活躍した歌人・国文学者の落合直文（おちあい・なおぶみ）は、文《ぶん》久《きゅう》元年（1861）、本吉《もとよし》郡松崎《まつざき》村片浜《かたはま》（現在の宮城県気仙沼市）で、鮎貝家《あゆかい》の二男として生まれた。幼名を亀次郎《かめじろう》といい、十四歳のころ、国学者《こくがくしゃ》の落合直《なお》亮《あき》の養子になり、落合姓になった。幼い頃から本が好きで、短歌や文章を書くことが大変得意だったという。

「父君よ　今朝はいかにと　手をつきて　問う子を見れば　死なざりけり」

（お父さん、今朝の体調はどうですか、と礼儀正しく訊ねるわが子を見ると、この子のためにも病気で死ぬわけにはいかない）

自分が重い病気でありながら、わが子のことを思いやる作者の優しい気持ちが伝わってくる歌である。百年以上前に詠《よ》まれた短歌《たんか》であるが、作者の思いは

▼鮎貝家（あゆかいけ）
先祖は伊達家の家臣で、家格は一家十七家の筆頭。所拝領、松崎邑主。禄高一千石。家中五十人。置賜郡（現在の山形県）長井庄鮎貝城に住み、元禄十三年（1700）所替となる。居城の煙雲館は名園がある。預給主二百人と足軽七十五人を付され、沿岸の警備に当たっていた。

▼国学者（こくがくしゃ）
国学を研究し、これに長けた学者。

▼落合直亮（おちあい・なおあき）
（一八二七～九四）
江戸時代末期の勤王の志士、また明治時代にかけての国学者、神職、歌人。通称は源一郎（げんいちろう）。変名として水原二郎（みずはら・じろう）を用いた。

今の時代の読者にも手に取るように分かる。この短歌の作者が落合直文である。落合直文が生きた幕末から明治にかけては、何もかもが変わり、いろいろなことが進歩した時代であった。文学においても、西洋からきた新しいものがもてはやされていた。一方、日本独自の詩である短歌《たんか》は、長い伝統に縛《しば》られ、決まりきった表現が多いため、次第に多くの人から好まれなくなっていた。

短歌の革新運動の中心に

短歌や文章を書くことが好きだった直文は、家族から仙台での学校教師か神官《しんかん》になることを勧《すす》められたが、自分ではそうした道に進むつもりはなかった。早いうちから歌人《かじん》や国文学者になりたい、そうした仕事に就《つ》きたいと考えていたのである。その理由は明白であった。旧態依然《きゅうたいいぜん》とした短歌や国文学を、新しい時代に合ったものに発展させることが、自分が為《な》すべき仕事なのではないかと考えていたのである。自分の下の名前を「直文」としたのは、二十六歳の頃である。「文」の字には、自分は文学で生きていくという強い気持ちがあったと考えられている。

▼短歌（たんか）
古来より日本で育まれた伝統的な詩歌である「和歌」の流れを汲み、明治期になって「短歌」と呼ばれるようになった日本古来の文学。明治にはいって新しい時代に即したものに変えようという運動が起こり、落合直文らがその先頭に立って革新運動に取り組んだ。現代では、俵万智の第一歌集「サラダ記念日」のように、口語を使った清新な表現で与謝野晶子以来の天才歌人と話題になった。

▼神官（しんかん）
神社で神に仕える仕事をする人。神主。

▼革新（かくしん）
新しく変わること。

▼歌人（かじん）
和歌を詠む人。和歌を作ることを職業または専門とする人。和歌を作ることにたくみな人。うたよみ。

▼旧態依然（きゅうたいいぜん）
古い体制のままで、進歩や改革がなく、古めかしいこと。または、そのさま。古い体質が長く継続していること。

直文は常に、短歌がもっと多くの人が親しめるものになってほしいと願っていた。その頃、短歌の世界では、昔からの形を守ろうとする旧派《きゅうは》と、西洋から入ってきた言葉を使おうとする新派《しんぱ》とが対立していた。

旧派は、昔からの形を何も変えずに守ろうとしていたが、そればかりでは読む人々が飽《あ》きてしまう。一方、新派は目新しい表現や言葉を使おうとしていたが、まだまだ良い短歌を作ることが出来ていなかった。どちらにも、良いところと、見直すべきところがあった。

しかし、どちらも相手の良いところを認めずに言い争いを続けていた。このようなことでは、短歌がより良くなることも、多くの人が親しめるものになることもない。直文は、すべての歌人や学者、短歌愛好家《あいこうか》が力を合わせることが必要だと考えるようになった。そのことを繰り返し訴えていた。

それだけでなく、直文は、新しい時代に相応しい短歌を自分たちで作り上げていこうと考えていた。そのために作ったのが、浅香社《あさかしゃ》という短歌グループである。このグループには、直文の考えに賛同する若い歌人が集まっていた。そこで、短歌を作ったり、作った短歌をより良く直そうと話し合ったりしていた。

▼旧派（きゅうは）
文学や演劇などの世界で、旧来の流儀や伝統を守って後世に伝えていこうとする派閥。体制派。

▼新派（しんぱ）
旧派とは反対に、文学や演劇などの世界で、旧来の流儀や伝統にとらわれず、新しいものを創造していこうとする派閥。こうした世界では、常に旧派と新派による対立が起きることが常であり、そうした摩擦によって、新しいものが生み出されてきたとも言える。

▼愛好家（あいこうか）
芸術や文芸、技芸、音楽など、幅広い分野の作品を、自分の好みによってめでる人たちのこと。「〇〇愛好家」と言えば、現代では「オタク文化」もその一つと言える。

▼浅香社（あさかしゃ）
落合直文が、明治二十六年（1893）に結成して主催した短歌結社。名称は、直文が住んだ東京の浅嘉町（現在の東京都文京区本駒込三-六-九）に由来する。

浅香社は、やがて短歌の革新《かくしん》運動の中心となった。直文は、弟子たちにいつもこう話した。「自分自身の短歌を作りなさい。人の真似をしてはいけません。もちろん、私の歌を真似するのもいけません。一人ひとりが自分の良いところを伸ばすようにしなさい」

その頃、直文と同じように短歌の革新運動をしていた正岡子規《まさおかしき》という歌人がいた。子規は新聞に随筆《ずいひつ》を連載していた。歌人らしく、短歌を取り上げることが多いので、直文も子規の随筆を読むことをとても楽しみにしていた。その連載の中で子規は、短歌が優れているかどうかは、作者の評判や流派《りゅうは》には関係ないと述べていた。そして、短歌の良し悪しを決めるには、みんなで意見を出し合って話し合うことが大切だとも語っていた。

落合直文の生家鮎貝家に残る煙雲館庭園。国の名勝に指定されている（気仙沼市松崎片浜）
仙台藩茶道頭石州流二代目「清水動閑」の作庭と伝えられる

▼正岡子規（まさおか・しき）（一八六七～一九〇二）
俳人・歌人。伊予（いよ・現在の愛媛県）生まれ。日本新聞社に入り、俳諧を研究。雑誌「ホトトギス」に拠って写生俳句・写生文を首唱した。また、歌論「歌よみに与ふる書」にも筆を染めた。その俳句を日本派、和歌を根岸派という。歌集「竹の里歌」、随筆「病林六尺」、日記「仰臥漫録」などがある。

▼随筆（ずいひつ）
見たり、聞いたりしたこと、経験したことなどを自由に記述した文章。エッセイともいう。

▼連載（れんさい）
継続して新聞や雑誌などに記述が掲載されること。

▼流派（りゅうは）
芸術・芸能・武道などの上で、流儀・主義などの相違によって生じたそれぞれの系統。

正岡子規や森鷗外と和歌革新運動

ある日のこと、直文は子規の病気がひどくなって、りんごをすって搾《しぼ》った果汁のようなものでないと喉《のど》を通らなくなったことを知る。丁度《ちょうど》良いことに、直文の元には、郷里《きょうり》からりんごが送られてきていた。つやつやとした立派なりんごである。直文は、すぐにでも子規の元にこのりんごを送ろうと思い立った。近くにいた弟子たちも、お見舞いにりんごを送りたいという直文の考えに賛成した。

ところが、その日の新聞を読み始めた直文は、じっと目を閉じ、考え込んでしまったのである。直文は、子規の書いた随筆を読んだのだった。そんな直文の様子が気になった弟子たちも新聞を読んだ。

子規の書いた内容は、驚くべきものであった。そこで直文が目にしたのは、自分の短歌が「変な歌」「分かりにくい歌」という低い評価であった。その上、言葉を変えれば少しは良くなる、という厳しい批評《ひひょう》が付け加えられていた。弟子たちは、これでは直文がりんごを送るのを躊躇《ためら》うのも仕方がないと思った。弟子たちが子規の随筆を読んだことを伝えると、直文は頷《うなず》きながらこう言った。

「せっかく、子規が私の短歌をよくしようとして批評しているのだろうから…」

▼森鷗外（もり・おうがい）（一八六二〜一九二二）

日本の明治・大正期の小説家、評論家、翻訳家、教育者、陸軍軍医、官僚。位階勲等は従二位・勲一等・功三級、医学博士、文学博士。本名：森林太郎。石見国（現在の島根県）津和野出身。東京大学医学部卒業。大学卒業後、陸軍軍医になり、陸軍省派遣留学生としてドイツでも軍医として四年過ごした。明治文壇の重鎮であり、主な作品に「舞姫」「雁（がん）」「阿部一族」などがある。

▼子規の病気

体が弱かった正岡子規は、二十二歳で喀血（かっけつ、気道〈気管・肺〉から出血した時に見られる出血のこと）し、肺結核におかされていることが判明、三十五歳の若さで急逝（きゅうせい）した。継続的に襲ってくる激痛に悩まされ続け、肺結核から脊椎（せきつい）カリエスを併発し、特に最後の数年間は、病床での生活を余儀なくされ、身動きのできない状況であったという。

▼批評（ひひょう）
事物の美点や欠点をあげてその価値を検討、評価すること。狭義に芸術批評、ことに文芸批評をさすことも多いが、広義には政治、経済、科学、スポーツから日常生活に至るまで幅広い。

▼新声社（しんせいしゃ）
森鷗外が落合直文・市村讃次郎・井上通泰・三木竹二・小金井喜美子と結成した同人組織。

▼於母影（おもかげ）
森鷗外とその周辺にいた小金井喜美子、落合直文、井上通泰（みちやす）らの文学グループ新声社の手になる訳詩集。明治二十二年（1889）八月発行の雑誌『国民之友』の夏期付録「藻塩草（もしおぐさ）」欄に発表された。

煙雲館庭園にある落合直文の歌碑

そう語る直文の表情を見た弟子たちは、ハッとした。少し困ったような様子ではあったものの、決して怒《おこ》ってはいないのが分かったからである。直文は、このような時でも、自分が日ごろから願っていること、考えていることを弟子たちに伝えようとしていたのだった。さらに、今、このタイミングでりんごを送ったのでは、子規が遠慮《えんりょ》して連載《れんさい》を止めてしまうのではないかとも考えたのである。

直文は、りんごに目を向けながら、子規の病気が早く回復するようにと願っていること、そして、新聞の連載が終わったら、りんごを子規に届けるつもりであることを弟子たちに話した。

ところが、翌日も、さらに次の日の新聞にも、直文の短歌を批判する子規の連載が続いていた。結局、直文は子規にりんごを送ることが出来なかった。

直文は、すっかり傷《いた》んでしまったりんごを穏やかな目で見つめ続けていた。

なお直文は、明治二十二年（1889）、森鷗外と共に新声社《しんせいしゃ》を立ち上げ、後に近代詩に大きな影響を与えることになる訳詩集『於母影《おもかげ》』を刊行した。同二十六年（1893）、浅香社をつくり、近代短歌の幕開けとなる和歌革新運動を行なった。

15 白鳥 省吾（しろとり・せいご）

ふるさとを愛した民衆詩人

白鳥省吾（しろとり・せいご）は、「民衆詩派《みんしゅうし》」の詩人として活躍し、「詩を民衆に解放した詩人」として評価されている。

省吾は、明治二十三年（1890）、宮城県栗原郡築館村（現在の栗原市築館）に生まれた。子どもの頃、近所の友達と近くのお寺で遊んでいた省吾は、築館から見える雄大な栗駒山《くりこまやま》を毎日のように眺めて育った。人一倍ふるさとを愛していた省吾は、ふるさとの自然や田畑を耕して暮らしを支える農民たち、美しい風土と厳しい生活環境に生きる人々の姿を詩に表し続けた。

明治三十八年（1905）、中学四年のある日、省吾のクラスに郡長《ぐんちょう》の息子・辰野正男が転校してきた。この正男との出会いが、省吾の運命を変えるきっかけとなる。

白鳥　省吾

▼民衆詩派（みんしゅうしは）
文学の流派の一つ。大正五年（1916）ころから福田正夫、白鳥省吾、加藤一夫らは、トルストイ、ホイットマン、トローベルなどに学んで民主主義の立場から労働者や農民の労働や生活を、詩の題材に選ぶようになった。彼らは百田宗治（ももた・そうじ）や富田砕花（さいか）らと『民衆』を創刊。民衆派の名称は次第に一般化した。以後、この派を含めて民主的傾向をもつ詩や詩人を民衆詩派と呼ぶようになった。

▼栗駒山（くりこまやま）
宮城、秋田、岩手の三県にまたがる山である。標高は一六二六㍍。岩手県では須川（すかわ）と呼ぶ。

▼郡長（ぐんちょう）
各地の郡に置かれた長官。

▼中学四年
旧制の中学四年。現在の高校一年生に当たる。
▼藤村詩集（とうそんししゅう）
詩人・作家の島崎藤村（しまざき・とうそん）の四つの詩集をまとめたもの。
▼和歌（わか）
日本の伝統的詩形の一つ。古代以来、特に中・近世以降は文芸の中心にあった。明治期に「短歌」と呼ぶようになり、内容や表現方法も変化した。

白鳥省吾の母校・築館小学校から望む栗駒山

『藤村詩集』から影響を受ける

正男は文学が好きで、学校に毎日『藤村詩集《とうそんししゅう》』を持って来て読んでいた。この詩集に載っていたのは、それまでの日本の和歌や俳句などの定型詩や漢詩とは違い、西洋詩の影響を受けた、形式にとらわれない新しい形の詩だった。藤村の詩集を借りた省吾は、初めて見た表現の仕方に心を動かされ、夢中になって読み耽った。そして、この新しい詩の形式によって、自分の心を表現してみようと思うようになった。

省吾は、『藤村詩集』を読みながら、思い浮かんだ詩を一つ一つ丁寧に書き始めた。書き続けていく中で、詩というものの形式や美しい言葉、空想することの楽しさを学んでいった。このことがきっかけとなり、省吾は正男など文学に興味のある友達と何冊かの文芸雑誌を何冊か買い、回し読みするようになった。家から学校までの道のりを、常に詩集を読みながら通うほど文学の世界にのめり込んでいった。

中学五年の時、文芸誌『秀才文壇』に投稿《とうこう》した詩が見事一等に入選した。こ

▼中学五年
旧制中学校の五年生。現在の高校二年生に当たる。旧制中学は五年で卒業することになっていた。

▼投稿（とうこう）
短歌や詩などの雑誌などに自分の作品を掲載してもらうために原稿を送ること。

▼第二高等学校（だいにこうとうがっこう）
明治二十年（1887）四月に宮城県仙台区（現在の仙台市）に設立された旧制高等学校。略称は「二高」。

▼腫物（しゅもつ）
皮膚の一部分がはれて、中にうみなどをもったもの。はれもの。できもの。かさ。ふきでもの。

詩を書き続ける白鳥省吾

れをきっかけに、省吾の詩に対する情熱は、さらに高まっていった。

中学を卒業した省吾は、郷里の栗原に近い仙台の第二高等学校（現在の東北大学）を受験したが、結果は不合格だった。そして、その年の暮れ、背中に出来た腫物《しゅもつ》が悪化し、一ヵ月ほど入院することになった。退院後も傷口が全快《ぜんかい》せず、二高に再度挑戦するという希望は、諦《あきら》めなければならなかった。

将来の方向性を見失い、やる気をなくしてしまった省吾は、気を紛《まぎ》らわすかのように詩を書き続けた。単調《たんちょう》で憂鬱《ゆううつ》な日々を過ごすことは辛《つら》かったものの、その中で孤独を慰《なぐさ》めてくれたのが詩であった。

そんな心境のところへ、友人の正男から手紙が届いた。「文学をやるんだったら（進学先は）早稲田がいいぞ。すばらしい先生がそろっているんだ」。東京に出て、名門の早稲田大学への進学を勧《すす》める内容だった。

正男からの手紙を受け取ってから、省吾はいつしか（詩を書くには早稲田に行くしかない。自分も早稲田大学に入り、さらに素晴らしい詩が書けるようになりたい）と思うようになった。そして、思い切って父親に早稲田大学へ進学したい胸の内を伝えた。すると、文学に理解のあった父親は、何も言わずに賛成してくれたのだった。

早稲田大学で著名な教授の指導を受ける

明治四十二年（1909）、省吾は早稲田大学に合格し、希望する英文科への入学を果たした。そこには、坪内逍遥《つぼうちしょうよう》、島村抱月《しまむらほうげつ》、片上伸《かたがみしん》などの著名な教授陣が揃い、直接指導を受けるようになる。志を同じくする詩人や歌人との交流も次第に多くなっていった。また、省吾の詩に対する考え方に多大な影響を与えた「自由詩の父」と言われているアメリカの国民的詩人、ウォルト・ホイットマンを知ったのもこの頃であった。

大学に入ってからも、省吾を作ることに対しての情熱に変わりはなかったが、以前のように雑誌に詩を投稿することはしなかった。なぜなら、一人前の詩人として、自分の詩を世の中に発表したいという気持ちがあったからである。

そうした省吾の気持ちとは裏腹に、自分の作品を発表する機会はなかなか巡

▼坪内逍遥（つぼうち・しょうよう）（一八五九〜一九三五）
日本の小説家、評論家、翻訳家、劇作家。小説家としては主に明治時代に活躍した。代表作に『小説神髄』『当世書生気質』及びシェイクスピア全集の翻訳があり、近代日本文学の成立や演劇改良運動に大きな影響を与えた。

▼島村抱月（しまむら・ほうげつ）（一八七一〜一九一八）
日本の文芸評論家、演出家、劇作家、小説家、詩人。新劇運動の先駆けの一人として知られる。

▼片上伸（かたがみ・しん）（一八八四〜一九二八）
日本の文芸評論家、ロシア文学者。初期は「天弦」の号で執筆活動をしていたので、片上天絃の名でも知られる。

▼ウォルト・ホイットマン（一八一九〜九二）
米国の詩人、随筆家、ジャーナリスト、ヒューマニスト。超越主義から写実主義への過渡期を代表する人物の一人。

ってこなかった。その上、父からは「仕送りが大変なので、大学を中退してふるさとに帰って来るように」との手紙が届いていた。

「文学を学ぶことについて、理解してくれた父なのに、なぜ……」

省吾は戸惑《とまど》うばかりだったが、父が手紙を送ってきたのには、それなりの理由があった。少しばかりの田畑と父と兄の教師としての収入では、家族八人を養うだけでも大変である。東京にいる省吾に仕送りすることは、簡単なことではなかった。省吾は、父親からの手紙をじっと見つめるばかりであった。

その後も、省吾の元には父親からの手紙が何度も届いたが、文学を学びたいという意志は揺るがなかった。「一人前の詩人として詩を書き、日本一の詩人になりたい」。省吾は、父への返信にそう決意を込めた。

やがて、父親は省吾の強い意志《いし》を理解し、苦しい生活の中から仕送りを続けた。額は少なくとも、そうした家族の支えを痛いほど分かっていた省吾は、生活を切り詰め、父親らの気持ちに応《こた》えようとするのだった。

大正二年（1913）、早稲田大学を卒業した省吾は、翌年、念願《ねんがん》だった第一詩集『世界の一人』を、友人の若山牧水《わかやまぼくすい》たちの協力を得て出版した。詩集の最後

▼仕送り（しおくり）
主に勉強や生活のために親元を離れた子弟に金銭を送ること。お金を送ること自体もいう。

▼若山牧水（わかやま・ぼくすい）（一八八五～一九二八）
明治・大正期に活躍した日本の歌人。

▼評論集（ひょうろんしゅう）
物事を批評した文章をまとめたもの。

白鳥省吾の故郷・栗原から望む栗駒山の風景

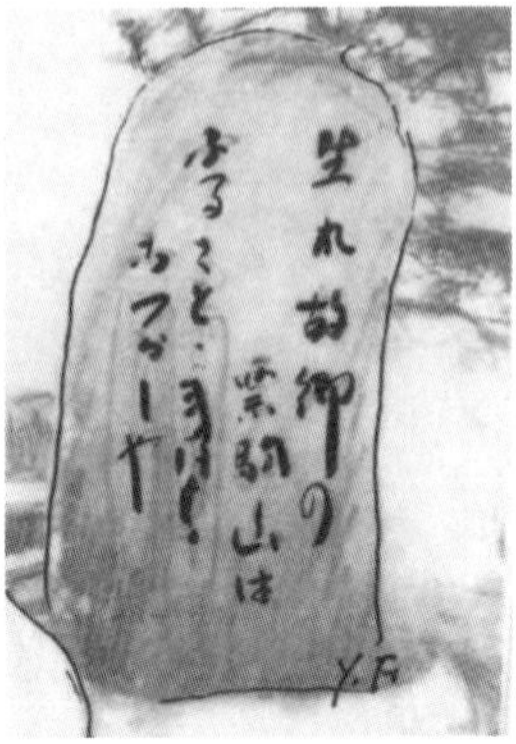

薬師公園にある白鳥省吾の詩碑

の頁には、「陸前築館なるわが父母にささぐ」と書かれている。そして、『大地の愛』『ホイットマン詩集』『楽園の途上《とじょう》』『現代詩の研究』など次々と詩集や評論集《ひょうろんしゅう》を出版し、詩人として認められるようになる。

この詩のように、省吾の作品には、ふるさとの自然や生活をうたったものが沢山ある。形式にとらわれない、分かりやすい言葉で綴られた省吾の民衆詩は、当時大変珍しく、注目を集めていった。省吾はその後、校歌や童謡、民謡などの作詞も手掛けるようになり、活躍の場を広げていく。

「見よや雪駒山高く　我等雄々しき力あり
　迫の川のせせらぎに　我等やさしき心あり」

これは、省吾が作詞した母校、築館小学校の校歌である。省吾が手掛けた栗原地方にある学校の校歌には、栗駒山や迫川《はさまがわ》などの自然を登場させている。人々が普段の生活で使う言葉で、あるがままに自由に表現することを貫き通した。

省吾が作詞した校歌は、現在でも多くの人々に歌い継がれている。

「生まれ故郷の栗駒山は　ふじの山より　なつかしや」

栗原市築館の薬師公園には、民衆詩派の代表的な詩人白鳥省吾の詩碑《しひ》がある。

▼民衆詩（みんしゅうし）
主に農民らの生活や労働者を題材とした詩。

▼迫川（はさまがわ）
宮城県北を流れる北上川水系の一級河川。栗原市及び登米市を流れる北上川水系旧北上川の支流。栗原市の二迫川合流点より上流では一迫川とも呼ばれる。

▼薬師公園（やくしこうえん）
栗原市築館の中心部「薬師山」と呼ばれる小高い丘にある公園。

▼詩碑（しひ）
詩を刻んだ石の碑。

あとがき

気が付けば、私も〝米寿《べいじゅ》〟の年を迎えた。長寿の心得なる書を見ると、「もう少し米を食べてから…」とある。そして「気」を長く、「心」を丸く、「腹」を立てず―。つつしめば「命」を永らえる―とある。

今般出版した「仙台領に生きる郷土の偉人傳」もシリーズ第五弾となり、三十六歳から書き始めた本の出版も、この本で二十一冊目となった。当初は「居（きょ）は気を移す」など、人と住居に関する内容が多かったように思う。

振り返ると、昭和三十年代の高度経済成長期の波に乗って、三十代から五十代は住宅問題評論家としてテレビ・ラジオの企画・出演が仕事のメーンとなった。五十代になると、それに加え、東北福祉大学教授として「居住福祉論」などを講義するなど、継続して土地や住宅関係に関わる業務を続けてきた。住宅問題評論家という肩書は、私が全国でも初めて名乗ったようだ。

七十代に入ると、その流れに変化が生じた。郷土史に関する本の発行を手掛けるようになったのである。「仙台城下の町名由来と町割」は、初版発行から十年になるが、今でも継続的に売れる街歩きの〝定番〟本となっているし、「仙台八街道界隈の今昔」「仙台城下　わたしの記憶遺産」「伊達な文化の伝承と記憶」と仙台や伊達藩に関する内容の本が続いた。

そして八十代に入り、「仙台領に生きる郷土の偉人傳」シリーズが始まり、今回で何と五冊目を数える。合計では二十一冊目となる。

今、想い出すと、自分の人生を決めたのは、岩手県立一関一高時代に数多くの映画を鑑賞する機会に恵まれ、多感な青春時代に文化・芸術的な感化を受けた気がする。小津安二郎監督の「麦秋」「彼岸花」、木下恵介監督の「カルメン故郷に帰る」、市川崑監督の「細雪」「野菊の如き君なりき」等、数え上げれば切りがない。テレビで住宅関係の番組を放送する際は、台本を自分で書くようになり、その後は、次第に歴史ものに視点が移っていった。多くの読者に支えられ、〝豚も木に登る〟状態といって良いかも知れない。

「思った通りにはならないが、やった通りにはなる」

八十八歳の今、その通りだと感じている。

「一心に念じれば、霜を降らし、城を破り、石をも貫く」

真の心をもって当たれば、真心はどんな人間をも動かすことが出来る。こうした本を出版するに当たっては、〝見やすく〟〝読みやすく〟〝わかりやすく〟、つまり「三やすく」をモットーとしてきた。人物の顔、文中のカット、そして表紙絵まで、筆者の拙い素人絵で、お見苦しい点はご容赦願いたい。

実は自分の不注意によって、平成四年十一月、自宅内の暖炉前で転倒し、仙台市立病院で頭部手術（十三針）を受けて四ヵ月間入院し、自動車の運転も不可となった。懸命なリハビリの結果、現在は自力である歩けるまでに回復した。

本書を出版するに当たっては、仙台市博物館、河北新報社、仙台郷土研究会役員で郷土史家の木村紀夫氏はじめ、公共の多くの資料を含む文献等をから記事や写真等を参考にさせていただいた。改めて感謝申し上げたい。特に取材時には車の運転や資料集め等で二女麻由子にアシスタントを務めてもらい、本の森の大内悦男氏に文章・写真撮影等でも大変お世話になった。有難うございました。

令和五年十二月

古田　義弘

参考文献

「仙台市史」近世1　仙台市史編纂委員会　仙台市　平成13年
「仙台市史」近世2　同　平成15年
「仙台市史」近世3　同　平成16年
「仙台市史」近代1　同　平成13年
「宮城県史」宮城県　昭和41年
「仙台市史」現代2
「宮城県百科事典」河北新報社
「仙台藩歴史用語辞典」仙台郷土研究会　平成22年
「仙台藩歴史事典」改訂版　同　平成24年
「仙台市史」地域編　仙台市史編纂委員会　平成26年
「石巻市史」石巻市　昭和43年
「気仙沼市史」気仙沼市
「りらく」郷土の偉人⑧　山梨勝之進　木村紀夫　㈱プレスアート　令和3年
「りらく」郷土の偉人㉚　松良みつ　木村紀夫　㈱プレスアート
「宮城県歴史探訪」ウォーキング　仙台歴史探検倶楽部　メイツ出版　平成22年
「仙台藩ものがたり」河北新報編集局編　河北新報社　平成14年
「せんだい歴史の窓」菅野正道　河北新報出版センター　平成23年
「仙台城ポケットガイド」仙台市博物館記念事業実行委員会　仙台市博物館
「仙台藩の戊辰戦争―幕末維新の人物録―」木村紀夫　平成30年
「仙台藩の戊辰戦争―東北諸藩幕末戦記―」木村紀夫　荒蝦夷　平成30年
「宮城県の歴史」高橋富雄　山川出版社　昭和44年
「あなたの知らない宮城県の歴史」山本博文（監修）　洋泉社　昭和25年
「東北都市事典」東北都市学会編　長谷川進　平成16年
「岩手百科事典」岩手放送岩手百科事典発行本部　岩手放送　昭和53年
「未来の架け橋」第二集　宮城県教育委員会編　宮城県教育委員会　平成30年
みやぎの先人集「未来への架け橋」第一集　宮城県教育委員会　昭和25年
「宮城県の郷土史談」三原良吉　宝文堂　昭和50年
「藤崎　１７０年のあゆみ」㈱藤崎　平成2年
「藤崎　２００年のあゆみ」㈱藤崎　令和2年
「ひとを思い、街と生きる　藤崎２００年のあゆみ」㈱藤崎　令和2年
「栗原市史」栗原市
「仙台藩の戊辰戦争　―幕末維新人物録―㉘」木村紀夫　平成30年

古田 義弘（ふるた・よしひろ）

郷土史研究家。
◎1936 年 1 月、岩手県一関市千厩町生まれ。岩手県立一関第一高校卒。
日本大学芸術学部中退。法政大学社会学部卒。東北大学教育学部（心理学）
・同工学部（都市計画）研究生修了。
◎元東北福祉大学教授。元（株）フルタプランニング代表取締役社長。住宅問題評論家。仙台郷土研究会員。歴史研究会員。元修紅短期大学（一関市）非常勤講師。元東北都市学会顧問。「政宗ワールド」プロジェクト元理事長。仙台藩茶道石州流清水派道門会顧問。岩手県立一関一高同窓会仙台支部顧問。東北ハウジングアカデミー元学院長。杜の文化会議元代表。
◎主な元委員 ／ 宮城県地価調査委員会委員（25 年間）。宮城県の住宅の現状と将来に関する調査委員会委員。宮城県宅地需給等計画策定委員会委員。仙台市都市計画基本計画検討委員副委員長。仙台市市営住宅新家賃検討委員会委員。㈶みやぎ建築総合センター「21 世紀型地域創生プログラム」特別委員会委員。宮城県住宅供給公社嘱託顧問 他。
◎テレビ ／ ＮＨＫ出演（田中内閣副総理兼大蔵大臣（愛知揆一氏）と土地問題で TV 出演対談。仙台放送（12 年間）・東日本放送（13 年間）住宅番組のレギュラー企画出演。・岩手放送・山形放送等にもレギュラー出演。
◎ラジオ ／ 東北放送（35 年間）・ラジオ福島（33 年間）・岩手放送（24 年間）・山形放送（12 年間）等にもレギュラー企画出演。
◎著書 ／『仙台城下の町名由来と町割』『仙台八街道界隈の今昔』『仙台城下 わたしの記憶遺産』『現代に生きる歴史上の人』『仙台市史』（現代 2 共著）『宮城県百科事典』（共著 河北新報社）『現代マイホーム考』『居は気を移す』『家は人を創る』『意識（こころ）はあなたを変える』『仙台圏 分譲地と住宅の案内』（年一回発行 40 版）『伊達な文化の伝承と記憶』『仙台領に生きる郷土の偉人傳 Ⅰ』『仙台領に生きる郷土の偉人傳 Ⅱ』『仙台領に生きる郷土の偉人傳 Ⅲ』『仙台領に生きる郷土の偉人傳 Ⅳ』等。

仙台領に生きる　郷土の偉人傳　Ⅴ㈤

2023 年 12 月 1 日　初版発行

編著者　古田 義弘
発行者　大内 悦男
発行所　本の森
仙台市若林区新寺一丁目 5－26－305（〒984-0051）
TEL 022（293）1303
Email　forest1526@nifty.com
URL　http://honnomori-sendai.cool.coocan.jp

表紙・イラスト　古田 義弘

印　刷　共生福祉会　萩の郷福祉工場

定価は表紙に表示しています。落丁・乱丁本はお取替え致します。

ISBN978-4-910399-08-9

古田義弘の本◆

ご注文は、金港堂本店（一番町 022-225-6521）、ゴコー書店（小松島 022-272-4682）その他全国各書店及び本の森（022-293-1303）へ。

・大正・昭和の人
領に生きる郷土の偉人傳 I
)20 年 4 月　初版発行）

八木久兵衛（仙台市）
富田鉄之助（東松島市）
熊谷伊助（一関市）
後藤新平（奥州市）
斎藤善右衛門（石巻市）
斎藤実（奥州市）
高橋是清（東京・仙台市）
大槻文彦（一関市）
栗野健次郎（一関市）
米内光政（盛岡市）

定価：仙台領に生きる郷土
偉人傳シリーズ各 880 円、
台城下シリーズ各 1650 円
税込）

仙台領に生きる郷土の偉人傳 II
（2021 年 4 月　初版発行）

1　千嘉代子（仙台市）
2　井上成美（仙台市）
3　高平小五郎（一関市）
4　相馬黒光（仙台市）
5　土井晩翠（仙台市）
6　吉野作造（大崎市）
7　林子平（仙台市）
8　大槻盤渓（一関市）
9　支倉常長（仙台市）
10　若宮丸漂流民（石巻市他）
11　玉蟲左太夫（仙台市）
12　フランク安田（石巻市）
13　及川甚三郎（登米市）
14　牧野富三郎（石巻市）
15　横尾東作（加美町）

仙台領に生きる郷土の偉人傳 III
（2022 年 2 月　初版発行）

1　伊澤平左衛門（仙台市）
2　建部清庵（一関市）
3　芦東山（一関市）
4　川村孫兵衛（山口・仙台市）
5　大槻平泉（一関市）
6　志賀清（仙台市）
7　佐藤基（角田市）
8　千葉卓三郎（栗原市）
9　大泉淑子（仙台市）
10　佐藤忠良（大和町）
11　原阿佐緒（大和町）
12　井上ひさし（山形・仙台市）
13　宮城新昌（沖縄・石巻市）
14　後藤桃水（東松島市）
15　石ノ森章太郎（登米市）

仙台領に生きる郷土の偉人傳 IIII
（2023 年 1 月　初版発行）

1　亀井文平（奥州市）
2　工藤平助（和歌山・仙台）
3　河村瑞賢（三重・仙台）
4　坂英力（仙台市）
5　鎌田三之助（大崎市）
6　青柳文蔵（一関市）
7　一力健治郎（仙台市）
8　毛利総七郎（石巻市）
9　千葉あやの（栗原市）
10　谷風梶之助（仙台市）
11　齋藤眞（美里町）
12　小牧正英（奥州市）
13　千葉胤秀（一関市）
14　大槻俊斎（東松島市）
15　高山開治郎（大河原町）

仙台城下の町名由来と町割
（2013 年 6 月　初版発行　4 刷）

続・仙台城下の町名由来と町割
仙台八街道界隈の今昔
（2014 年 10 月　初版発行）

仙台城下 わたしの記憶遺産
（2016 年 3 月　初版発行）